曾國藩手札集

〔清〕曾國藩 著

浙江古籍出版社

圖書在版編目(CIP)數據

曾國藩手札集 / (清) 曾國藩著. -- 杭州 : 浙江古籍出版社, 2022.1
（宛委遺珍）
ISBN 978-7-5540-2181-1

Ⅰ. ①曾… Ⅱ. ①曾… Ⅲ. ①曾國藩（1811–1872）—書信集—手稿 Ⅳ. ①K827=52

中國版本圖書館CIP數據核字（2021）第255384號

宛委遺珍

曾國藩手札集

（清）曾國藩　著

出版發行　浙江古籍出版社
（杭州市體育場路347號　郵編：310006）
網　　址　http://zjgj.zjcbcm.com
責任編輯　周　密
封面設計　吴思璐
責任校對　吴穎胤
責任印務　樓浩凱
照　　排　浙江時代出版服務有限公司
印　　刷　浙江海虹彩色印務有限公司
開　　本　710 mm × 1000 mm　1/16
印　　張　14.25
版　　次　2022年1月第1版
印　　次　2022年1月第1次印刷
書　　號　ISBN 978-7-5540-2181-1
定　　價　150.00圓

出版說明

曾國藩（一八一一—一八七二年），字滌生。湖南湘鄉（今雙峰）人，自幼受儒家思想薰陶，肄業於理學重鎮嶽麓書院。他創立湘軍並任統帥，與李鴻章、左宗棠、張之洞並稱『中興四大名臣』。他堅守儒家傳統，拯濟時弊，入仕報國；尚寒士家風，克勤克儉，戒驕戒奢；求學問之道，博覽群書，致力實學。曾國藩的人生已然達到了傳統儒家『立德、立言、立功』的至高境界，在晚清甚至中國歷史上都有著重要地位，並產生了深遠影響。梁啟超曾言：『曾文正者，豈惟近代，蓋有史以來不一二睹之大人也已；豈惟我國，抑全世界不一二睹之大人也已。』

手札，即信札。古代稱爲尺牘，今人稱爲書信。從古至今，信札都是交流情感與思想的重要載體，具有歷史、文學、藝術等價值，名人手札更是備受收藏者青睞。湖南圖書館自建館以來極重視名人手札墨蹟之收藏，現珍藏曾國藩與胡林翼、歐陽兆熊、曾國荃等湖湘名人交往的手札甚多。曾國藩手札是其生活百態和人生哲學的縮影。他繼承湖湘文脈，心繫國家社稷，踐行經世實學，會聚濟世之才，常與李鴻章、胡林翼、曾國荃等人馳書通信，涉及禁煙、吏治等國計民生之大事。

曾國藩爲晚清桐城文派名家，與方苞、劉大櫆、姚鼐同爲其領袖人物。他畢生讀書窮理，筆耕不輟，虛心涵泳，主張兼取各家之長，曾言『爲學術有四：曰義理，曰考據，曰辭章，曰經濟』，四者缺一不可，繼承『文以載道』和姚鼐文章『氣』學説，同時强調經世致用，在咸同文壇發揮了積極作用，引領了晚清文壇的動態及走向。館藏曾國藩與歐陽兆熊論爲學之信札、曾國藩與胡林翼論治軍之信札、曾國藩兄弟間論家事之信札等都是思想深刻、情深意切的精美古文，對研究曾國藩古文創作和文學理論大有裨益。

曾國藩極重視讀書寫字，從少年時代起，『記《茶餘偶談》，讀史十葉，寫日記楷本』，此三事者，終身未間斷也。他作字求圓匀敏捷，講究墨色，認爲『古來書家，無不善使墨者，能令一種神光活色浮於紙上』。因此，其親筆所書之信札筆墨間呈現出高超的書法技藝，筆鋒流轉，靈動飄逸。館藏曾國藩手札字形多變，氣勢恢宏，素箋端莊典雅，花箋意趣横生，别具藝術美感，其文物價值和藝術價值更勝一籌。館藏信札，既保留了湖湘名人的書法珍品，又爲後世書法藝術研究提供了豐富史料。

《曾國藩手札集》内容豐富，思想深刻，具有較高的文學藝術價值。家書記述了他治國理政、詩文學術、修身齊家、子女教育等多方面内容，是他經邦濟世、修身明道的集中體現，蕴含著其處世哲學、儒士品行及思想内涵，是珍貴的歷史文獻，是研究曾國藩和湖湘文化的第一手資料，對研究曾國藩、晚清文化生活及理清歷史脈絡有重要的價值，更是展現中華民族優秀傳統文化的藝術瑰寶。對於今人來説，曾國藩持之以恒、不改初衷、胸懷天下的精神仍有借鑒意義。

周克勤

目録

沅弟左右：十一日接弟初七夜信，知已派
季南帶五營援救毛、劉。弟處兵力不厚，
何可再分五營之多？偽忠王於十三去
間，設隔杭郡，即係分和、張兵力以解金陵之
圍。此等詭計，今亦不可不防。望弟即日調回
三營，四營圍金陵之老營，劉道一二營於上游

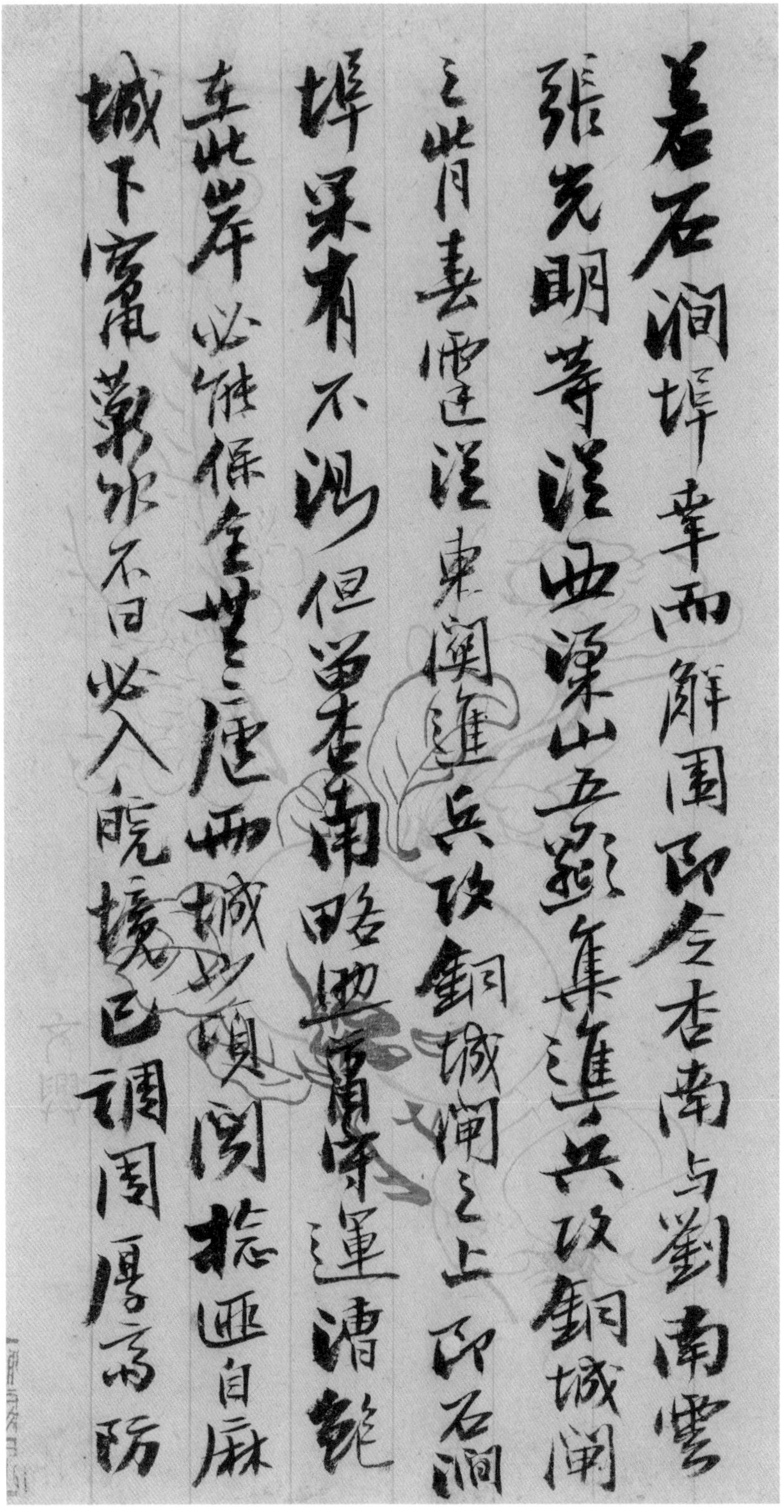

善石澗埠韋丙解圍即令杏南與劉南雲
張光朗等從西梁山五顯集進兵攻銅城閘
之背春霆從東關進兵攻銅城閘之上即石澗
埠果有不測但留杏南略帶營守運漕鎮
在此岸必須保全然後西城與閘捻匪自麻
城下竄亂蘄水不日必入皖境已調周厚齋防

桐城以下則八面皆要先筆之不善用兵此將其
歸也目下能軍不能救景鎮固為江西之患
而弟派七營上援尤於金陵老營有礙望
弟速調數營回兩花台留李南於玉溪口等處
料理援剿事宜火藥四日當解二万斤銀錢
竟無可解廣東四万初三日過南昌湖南六万

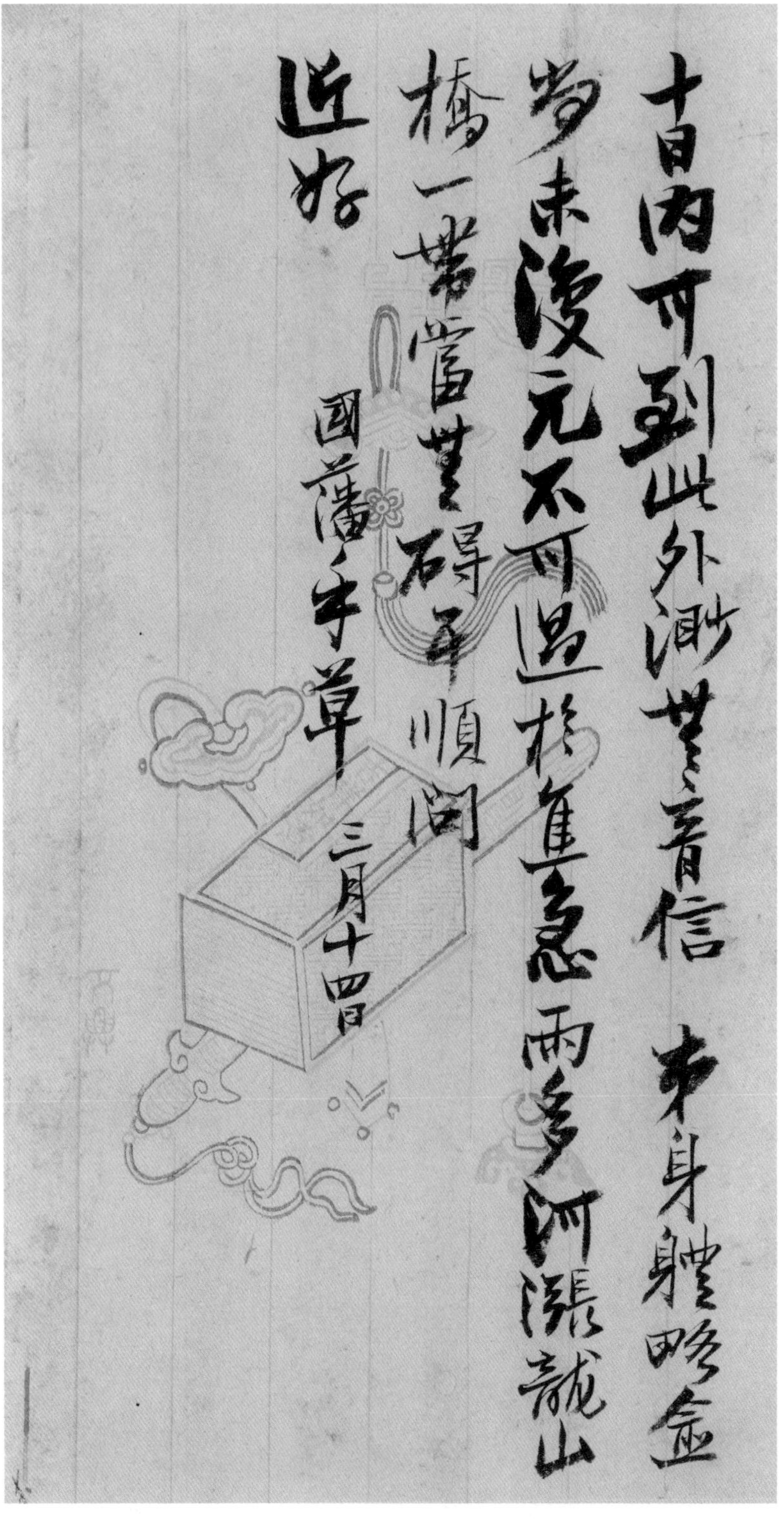

十日內可到此外渺無音信 弟身體略愈
尚未復元不可過於焦急雨多河漲龍山
橋一帶當無礙耳順問
近好
國藩手草 三月十四日

沅弟左右初七日接初四辰刻一信具悉一切
所需子藥昨日派人解去藥三万群子三萬
大砲只可為守壕之用不可為攻城之用以費
藥多而無損於賊也此間併東征局每月不過
得藥七八万斤不能再多除支應本軍九万餘
人外尚須協濟鮑唐及滁徽六安等處不能

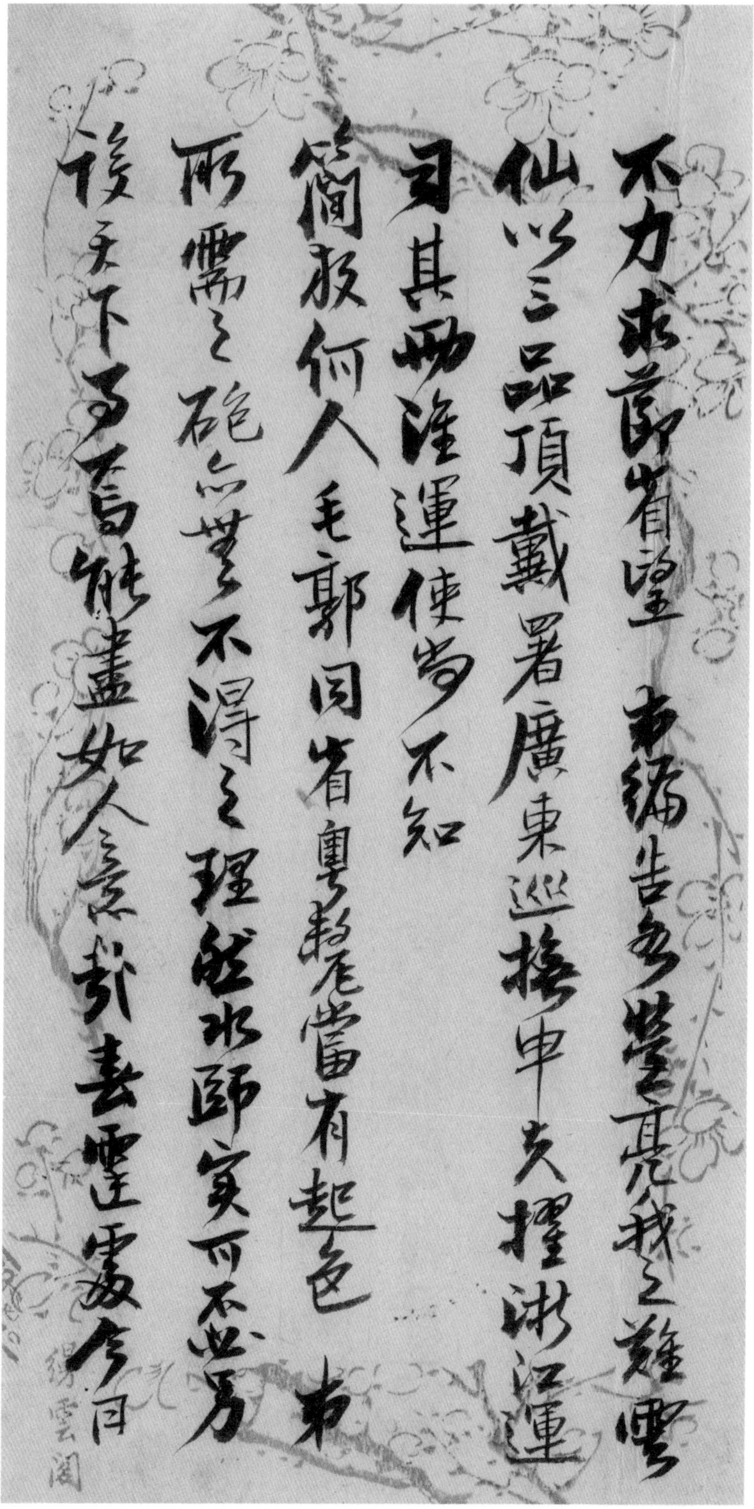

不力求節省。望
弟婉告各營，亮我之難。雲仙以三品頂戴署廣東巡撫，申夫擢浙江運司，其兩淮運使尚不知簡放何人。毛郭同省，粵將來當有起色。
弟所需之砲，亦無不得之理，然水師實可不必多。天下焉有能盡如人意者哉。去霆處今日

錫雲閣

一

始解去臘二万，其窘迫殆不可問矣。聞渠
營距江濱尚十餘里，大股援賊來卌，怕斷糧
道，否須與之預為細商，若糧道不穩，即再
退幾里，當無妨。喬運司所解綷私經
費，余皆已收存，因內銀錢所用出之銀，私用
不過十之二三，公用實占十之七八，故遂收之。此

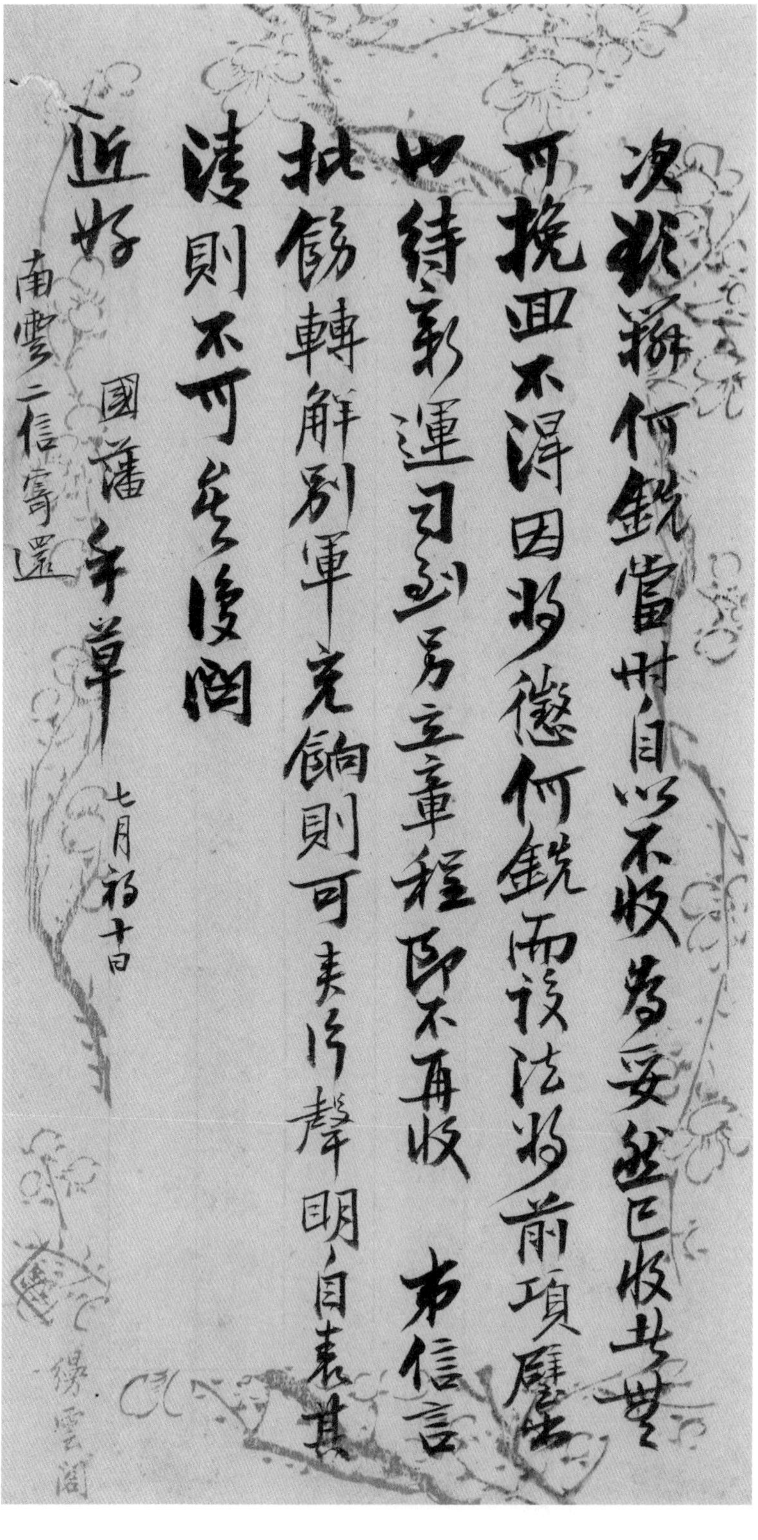

復狀稱何銑當時自以不收為妥，然已收之，豈可挽回？不得因將懲何銑而設法將前項璧出，待新運司另立章程，即不再收。弟信言批飭轉解別軍充餉則可矣，仍聲明自表其清則不可。餘後閱。

近好。

國藩手草　七月初十日

南雲二信寄還

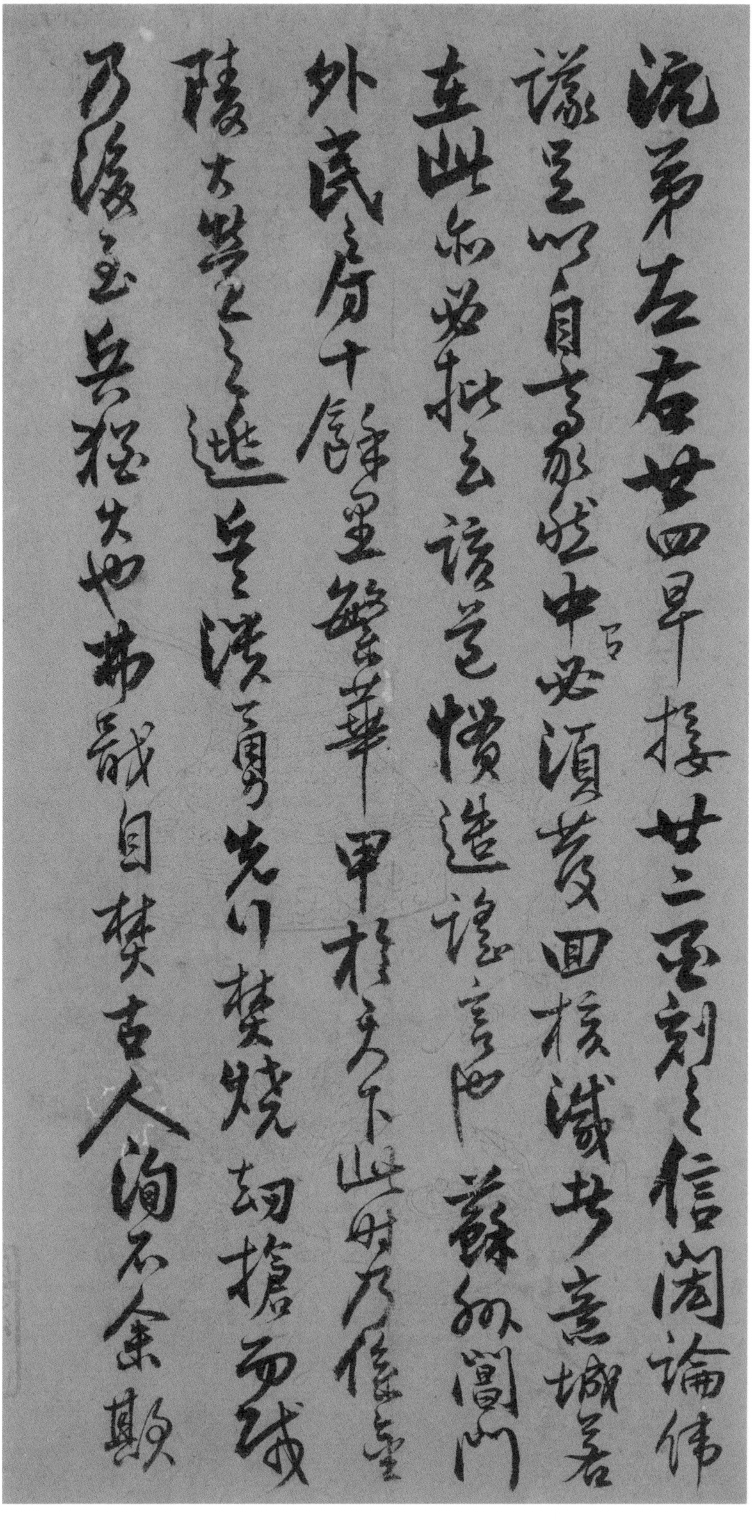
沅弟左右：廿四早接廿二巳刻之信，閱論俘
議呈，以自言家於中，已必須發回核識，其意誠若
在此尔莫批之語，竟慣造謠言。蘇州閶門
外民之房十餘里，繁華甲於天下，此時尤係金
陵大營之之逃兵潰勇先行焚燒劫搶而成，
乃後至兵，兵猶火也，弗戢自焚，古人洵不余欺。

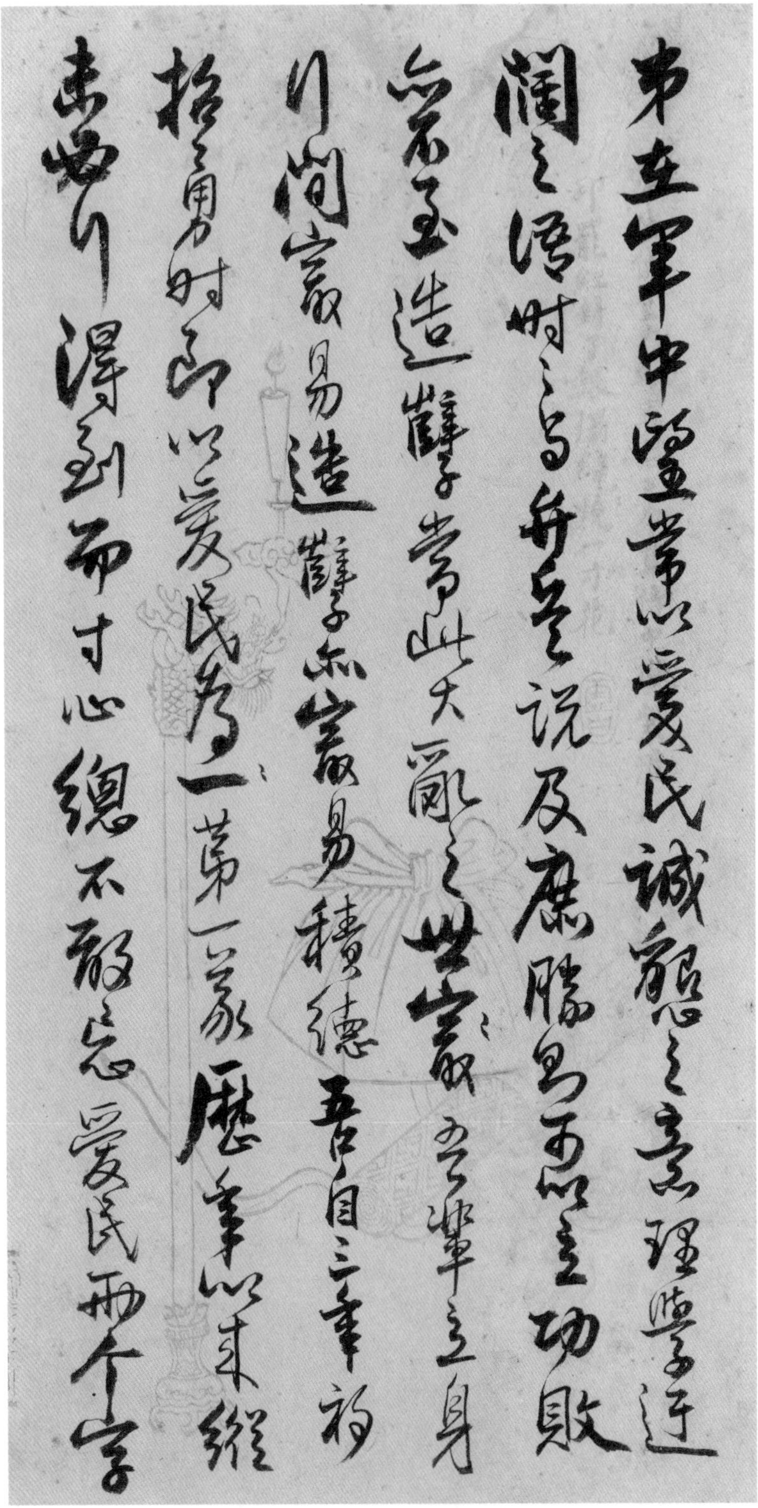
弟在軍中，望常以愛民誠懇之意、理學迂
闊之語時時與弁兵說及，庶勝則可以立功，敗
亦不至造孽。當此大亂之世，吾輩立身
行間，最易造孽，亦最易積德。吾自三年初
招勇時，即以愛民為第一義，歷年以來，縱
未必行得到，而寸心總不敢忘愛民兩字

致曾國荃 三

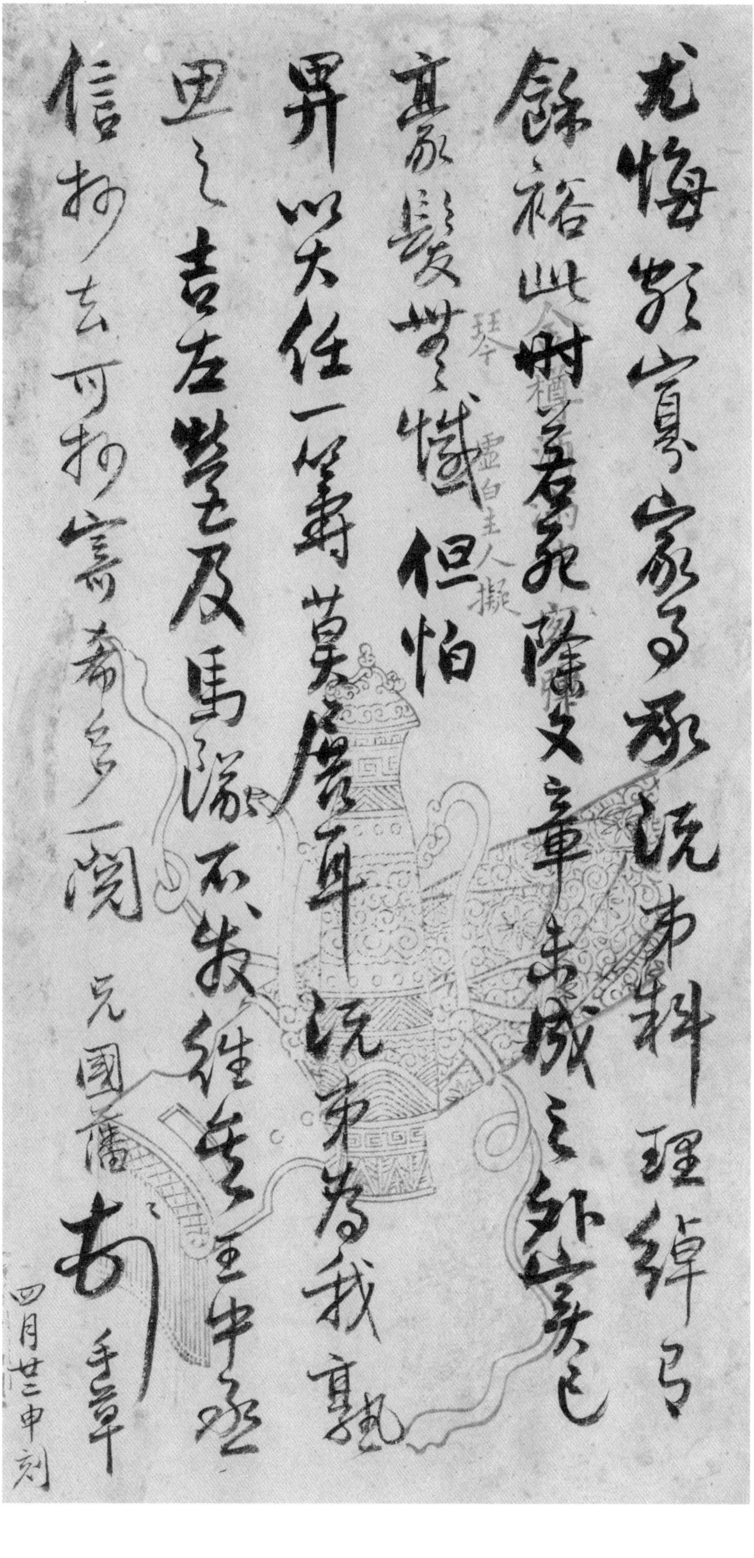

尤悔頗寡家事承沅弟料理綽有
餘裕此時若死除文章未成之外[illegible]
真豪髮無憾但怕
畀以大任一籌莫展耳沅弟為我熟
思之吉左營及馬隊不發往[illegible]至中路
信抄去可抄寄希庵一閱 兄國藩手草
四月廿二申刻

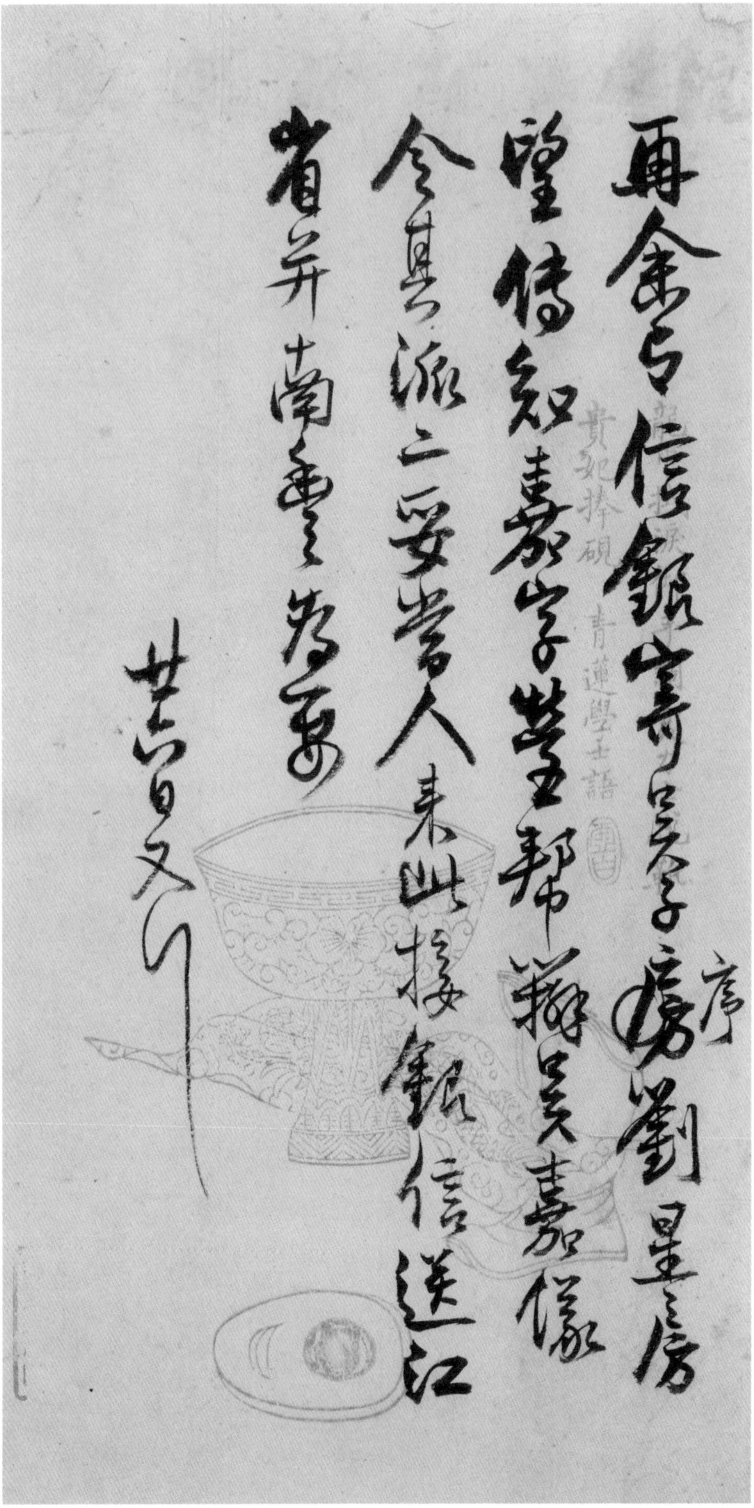

再，余之信銀寄吳子序、劉星房，望傳知嘉字營幫辦吳嘉儀，令其派一妥當人來此接銀信送江省，并南雲之為要。

廿四日又行

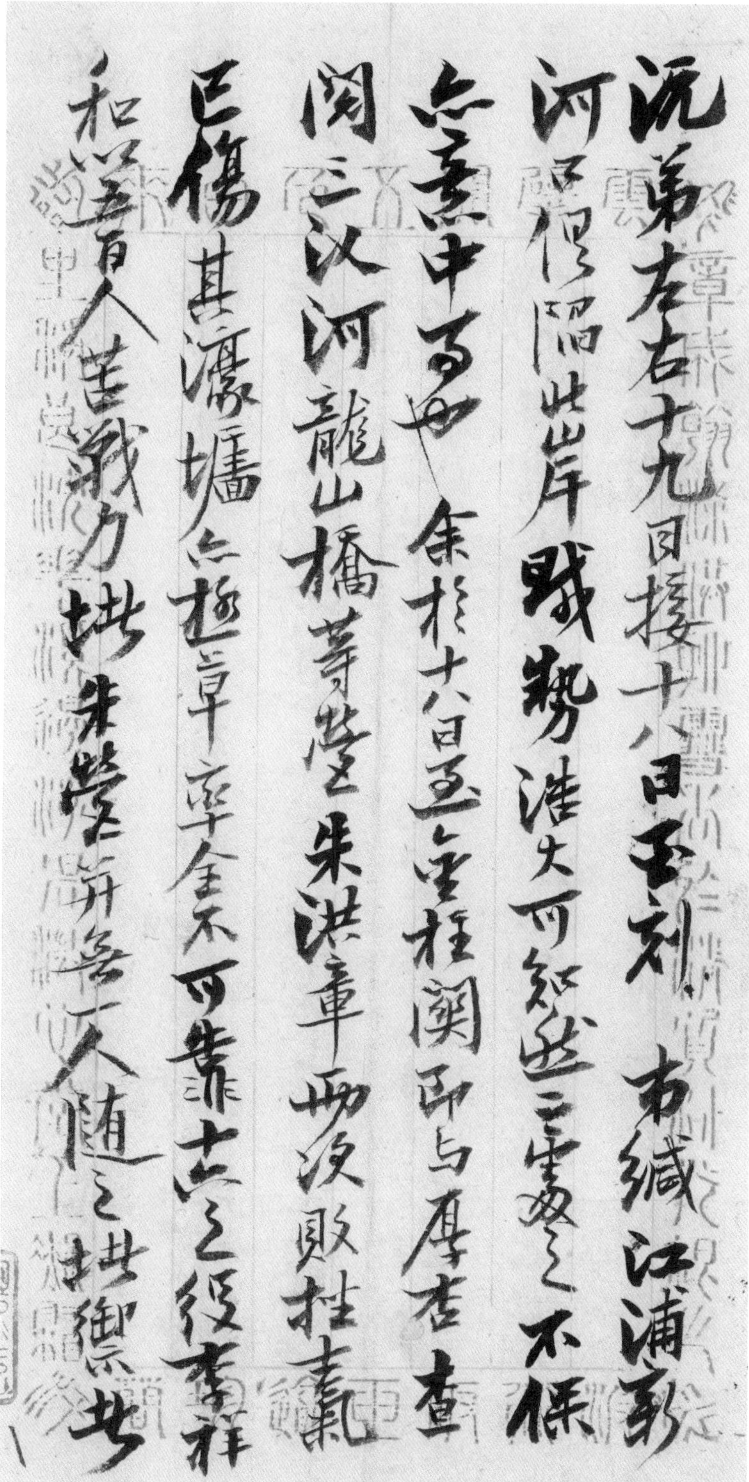
沅弟左右：十九日接十八日亥刻書，識江浦、郭
河陽隔岸戰勢浩大，可知此二處之不保
亦意中事也。余於十六日至金柱關，即與厚庵查
閱三汊河、龍山橋等營。朱洪章兩路敗挫，氣
已傷，其懷懼，亦極道其千卒全不可靠，非十六之役，李祥
和以為首人苦戰力拼，朱營并無一人隨之拼禦也

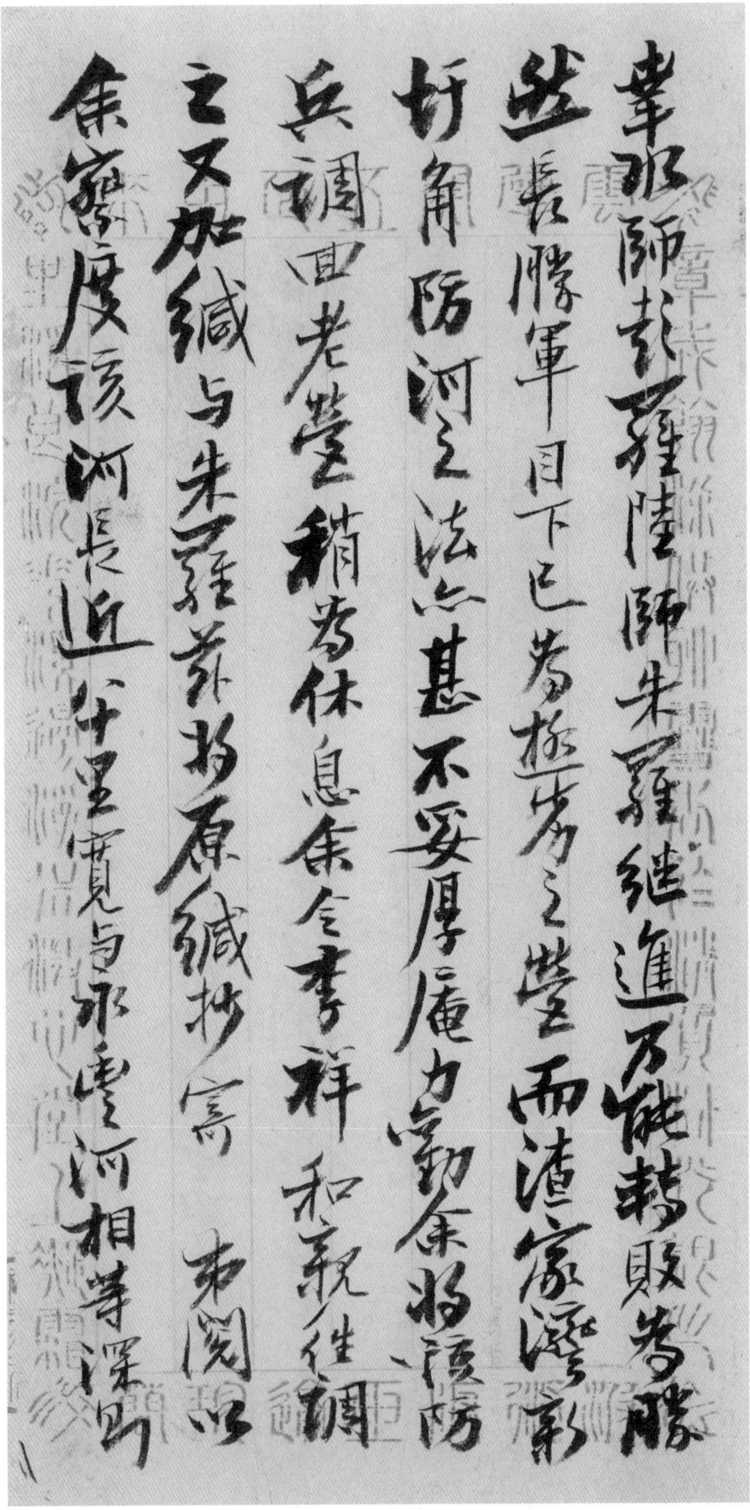

肆班師，彭、羅、陸師、朱、羅繼進，乃能轉敗為勝。
然長勝軍目下已為極盛之營，而潰象漸彰。
折角防河之法亦甚不妥，厚庵力勸余將該防
兵調回，老營稍為休息。余令李祥和親往調
之，又加緘與朱、羅、蔣、楊，將原緘抄寄　東閱。語
余察度該河長近八十里，寬與永豐河相等，深則

信之分哨防河可禦零賊斷不可敵大股賊既渡河長勝軍之營盤不可恃李與朱雞之營則皆可恃此金柱之情形也十九日查閱西梁東梁裕溪等處張與周繼之營皆可恃武明之營則萬不可恃此外江之情形也余與吉南勳商目下以繼營武三營移守東梁另調

本固將來須由　中營再撥二三新營上來以
一營協防西梁俾趙營一哨全歸東梁張營
一哨全歸裕溪口一營北岸金柱之寶塔以保三汊河
朱羅之後路應潜家橋（灣）龍山橋縱有疏失
而蕪皇大局無礙妻雪須已說明右開東壩
再行回籍節間
近好　國藩手草　二月廿日裕溪

沅弟左右：十九日接弟十四日緘，又林
哨官帶回書，悉一切。肝氣發時不
惟不和平，並不恐懼，確有此境。不特
弟之盛年為然，即余漸衰老，亦常
有勃不可遏之候。但強自禁制，降伏
此心，釋氏所謂降龍伏虎。龍即相火

也竟即肝氣也多少英雄豪傑
打此兩關不過亦不僅余與弟為然
要在稍稍遏抑不令過熾降龍以養水
伏虎以養火古聖所謂窒欲即降龍
也所謂懲忿即伏虎也儒釋之道不
同而其節制血氣即未嘗不同總

不使吾之嗜欲戕害吾之軀命而已。至於倔彊二字，卻不可少。功業文章，皆須有此二字貫注其中，否則柔靡不能成一事。孟子所謂至剛，孔子所謂貞固，皆從倔彊二字做出。吾兄弟皆禀母德居多，其好處亦正在倔

彊若能去忿懥以養體存倔彊以勵
志則日進無疆矣彭編五營想
成軍郴桂勇冠何如殊深懸系
手疼漸愈可以告慰劉馨室一信
抄閱順問
近好　兄國藩手草　正月廿

沅弟左右：廿五日接廿四長信，其要則謂春霆宜打盛家橋，不宜打銅城閘，金陵七營不必調回，周漢卿宜回蕪湖，江味根宜援江西，四事而已。後三事均已照行矣。春霆則廿二日有檄令在王家套登岸救援廬江，與弟所議亦相合。惟余十四日寫信，信中意謂春霆與蕭、彭兩路夾攻盛家橋、廬江之賊

必歸併草鞋嶺與我大戰戰而不勝必退巢穴
初不謂未打而先已解圍不退巢穴而反進廬桐
也余之料敵不明調度不善誠為可愧而弟
於余之調度每每不以為然長篇辯駁亦可不必
左帥於連克兩府八縣後機勢極順劉克庵軍
距杭州僅八十里而調之回救徽州徽州勞而杭逸

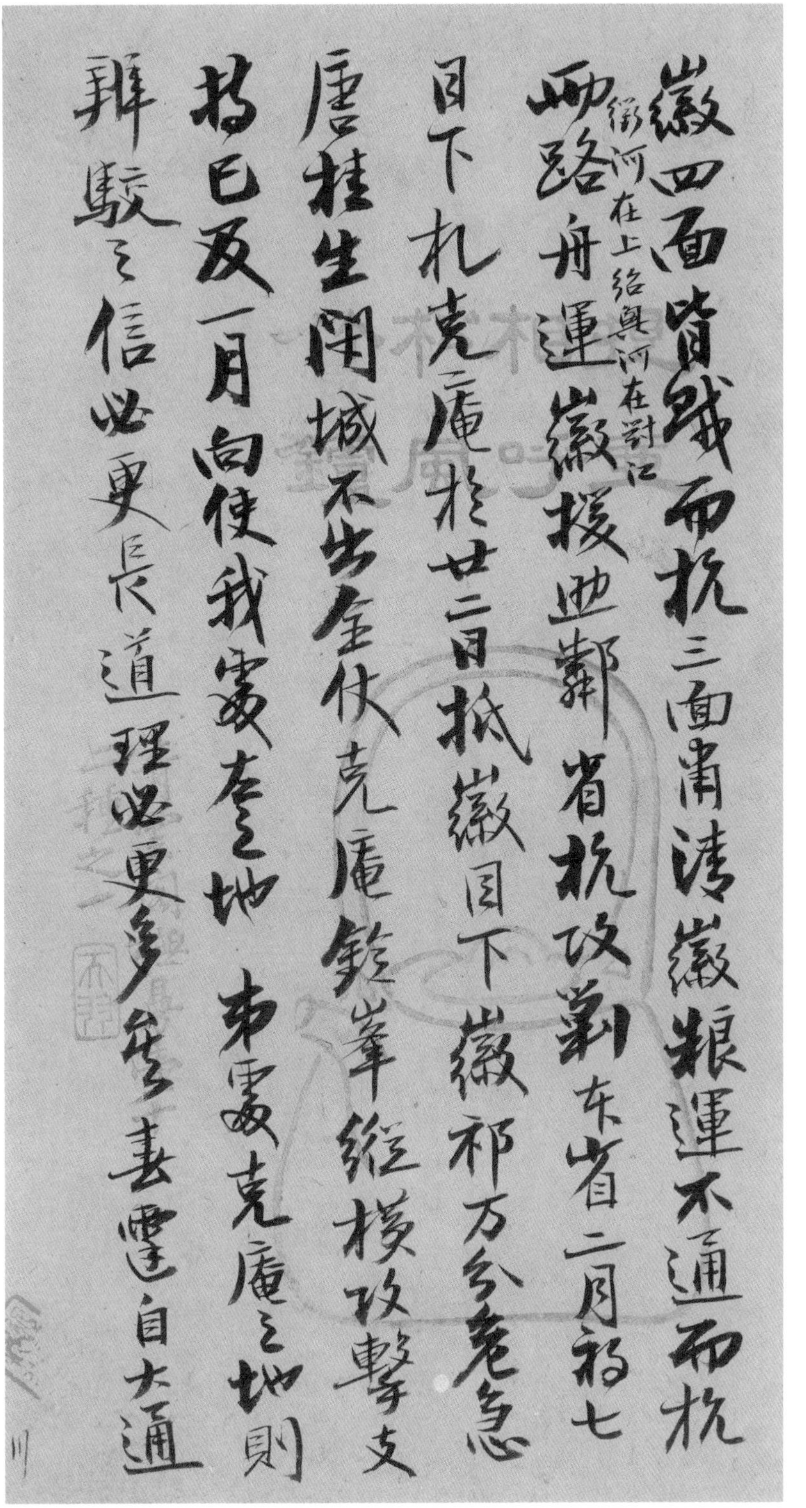

徽四面皆賊，而杭三面肅清；徽糧運不通，而杭兩路（徽河在上，紹興河在對江）舟運；徽援迪鄰省，杭攻剿東省。二月初七目下札克庵於廿二日抵徽，目下徽祁萬分危急。唐桂生困城不出，全仗克庵、錢峯縱横攻擊支持已及一月。向使我處季之地，東處克庵之地，則難駁之信必更長，道理必更多。然書還自大通

至魯港縱僅一百里自黃苦至盛家橋僅六十里
而不肯行陸路致不能與賊接仗至今尚未過岸
朱雲岩唐桂生株守一城亦不一出與賊相見石澗
埠之賊十六日三更已遁而彭蕭等於十七日大獲勝仗
吾軍風氣如此必有大決裂之日焦憤何極此問
近好
國藩手草　三月廿六日
鮑朱西批抄閱

沅弟左右廿三日張成旺歸接十六日來緘旋又接十九
日寄人一緘見惠切弟讀邵子詩領得恬淡沖
融之趣此自襟懷長進處自古聖賢豪傑文人才
士其志事不同而其豁達光明之胸大略相同以詩言
之必先有豁達光明之識而後有恬淡沖融之趣如
李白韓退之杜牧之則豁達處多陶淵明孟浩然

白香山則沖淡處多杜蘇二公無美不備而杜之五律最沖淡蘇之七古最豁達邵堯夫雖非詩之正宗而豁達沖淡二者兼全吾好讀莊子以其豁達足益人胸襟也去年所講生而美者若知之若不知之若聞之若不聞之一段最豁達推之即舜禹之有天下而不與亦同此襟懷也吾輩現辦軍務

係處功利場中宜刻刻勤勞如農之力穡如賈之趣利如篙工之上灘早作夜思以求有濟而治事之外此中卻須有一段豁達沖融氣象二者並進則勤勞而以恬淡出之最有意味余所以令刻勞謙君子印章與弟者此也無為之賊十九日圍撲廬江後未得信息捻匪於十八日陷宿松後聞廿一日至青草塥廬江吴長慶桐

城圍厚高均業信來想正在危急之際成武臣亦無
信來春霆廿一日當在東流汊須批令速援廬江祁門
亦無信來不知若何危險少荃已克復太倉州若再克
崑山則蘇州可圖矣吾但能保沿江最要之城隘則
大局必日振也順問
近好 國藩手草 三月廿四

沅甫九弟左右十九日發一緘交步差十
五派來之勇帶歸是夕接澄侯弟
信知寶慶尚未解圍此間擬即派
凱章鈐峰帶老湘副湘左等營之
四千人回湘救援以公言之四川防剿
赴石逆一股寶慶援勦赴亦石逆一

腹，尚其待竄蜀而防之，何如救秦
梓而滅之，一也。赴蜀必由岳州經過，
由景鎮陸路至岳千七百里，由樟樹長
沙至岳千五百里，二也。以私言之，
老湘營舟勇各懷戀戀，度之回籍
以疏宕其氣，一也。凱章要做了，須

略改爲面勇行添募吉左副湘蔣
營不敷與合共步不必勉強二也余
日內當札張至回援附將葉投其
弟昨帶去之五千八百人概札景鎮不
動七月初余赴饒郡帶各營至湖口
八月半後湖南多寶余帶各營入

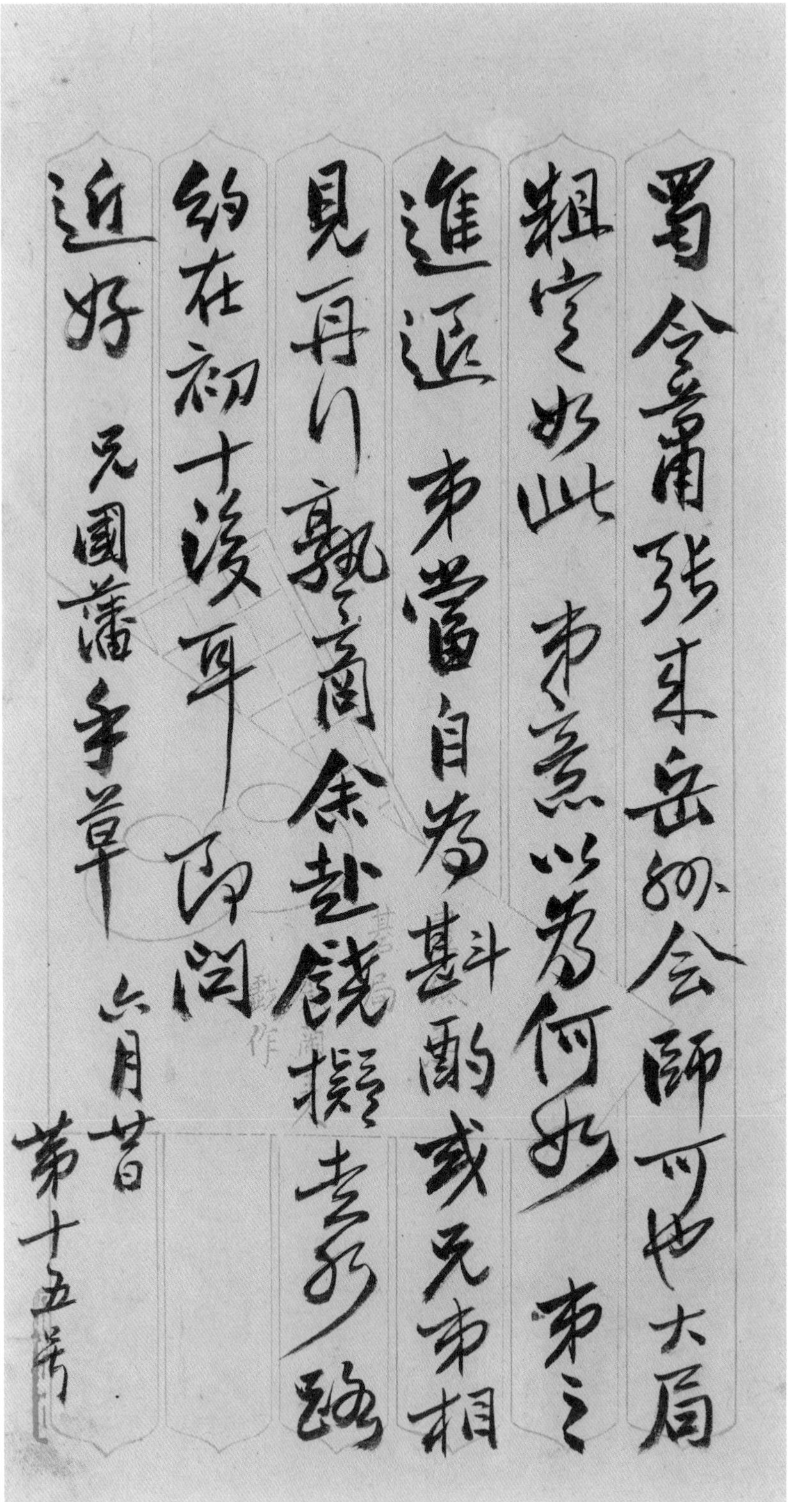

蜀令甫張來岳州會師可也大局
粗定如此弟意以為何如弟之
進退弟當自為斟酌或兄弟相
見再行熟商余赴饒擬走陸路
約在初十後耳即問
近好 兄國藩手草 六月廿日

第十五號

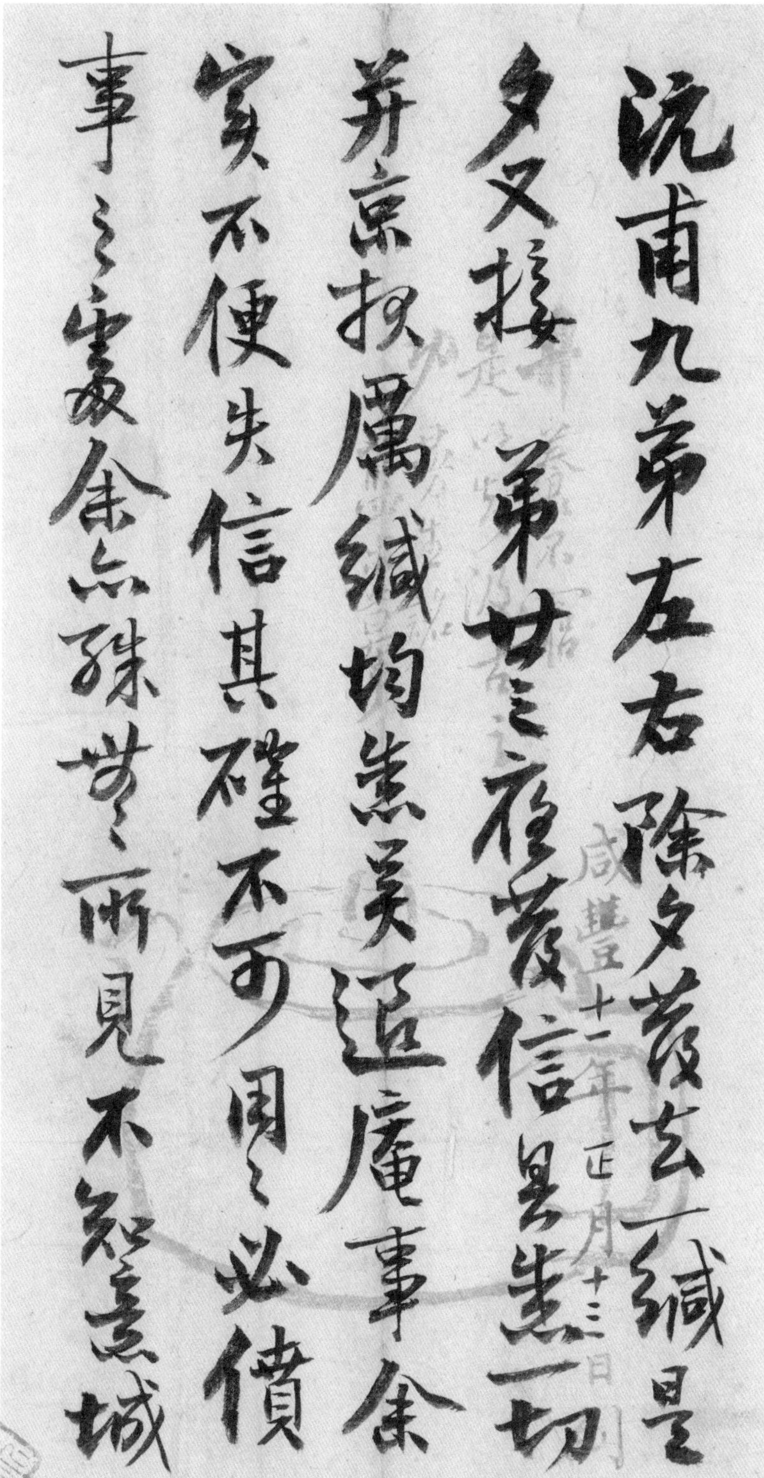
沅甫九弟左右：除夕發去一緘，是夕又接弟廿三夜發信，具悉一切，并京報、屬緘均悉。吳退庵事，余實不便失信，其確不可因之必償事之害，余亦殊茫茫，所見不如意城

咸豐十一年正月十三日

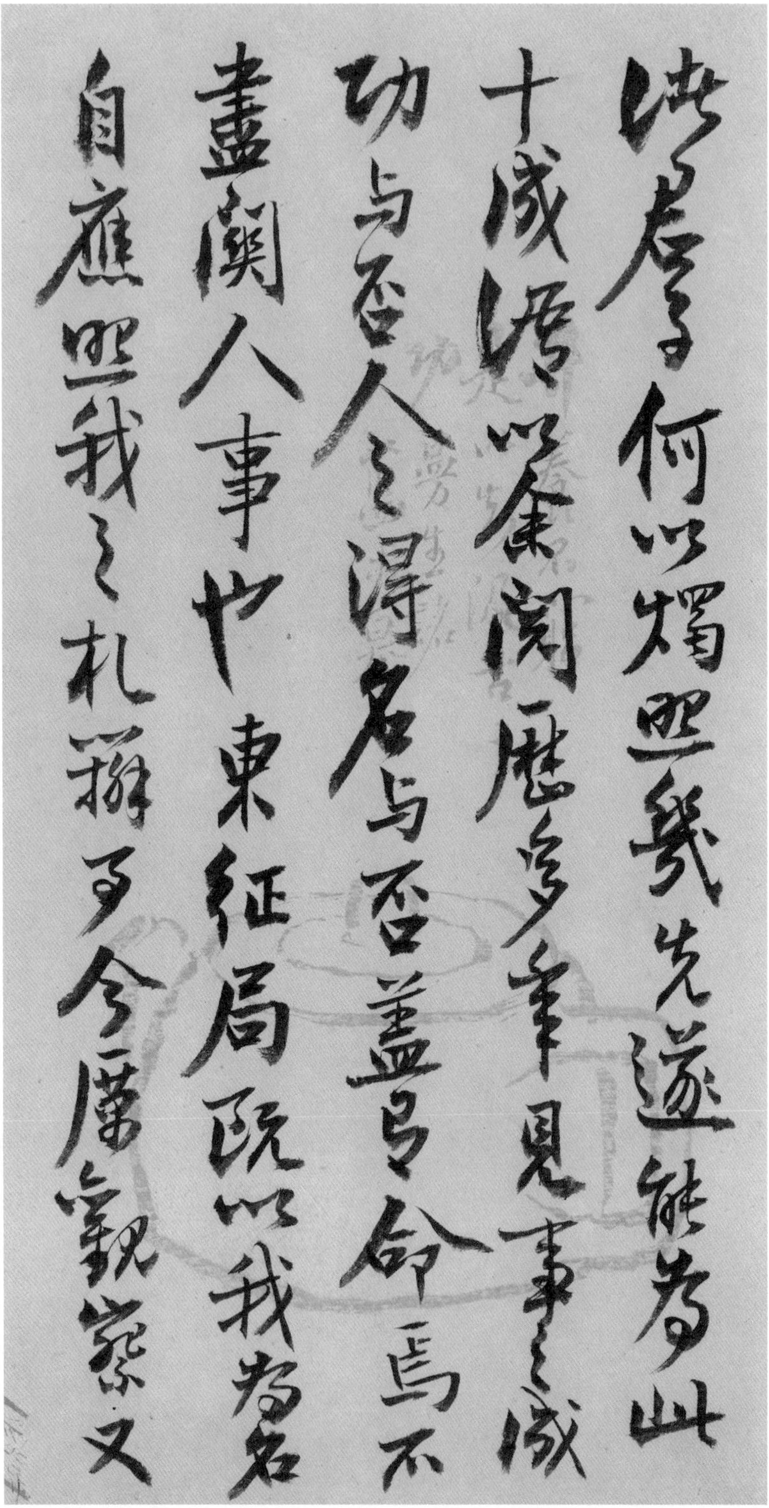

此老學何以獨無幾先遂能為此
十歲後以來閱歷多年見事之識
功與否人之得名與否蓋有命焉不
盡關人事也東征局既以我為名
自應與我之札稱予今屬宜親察又

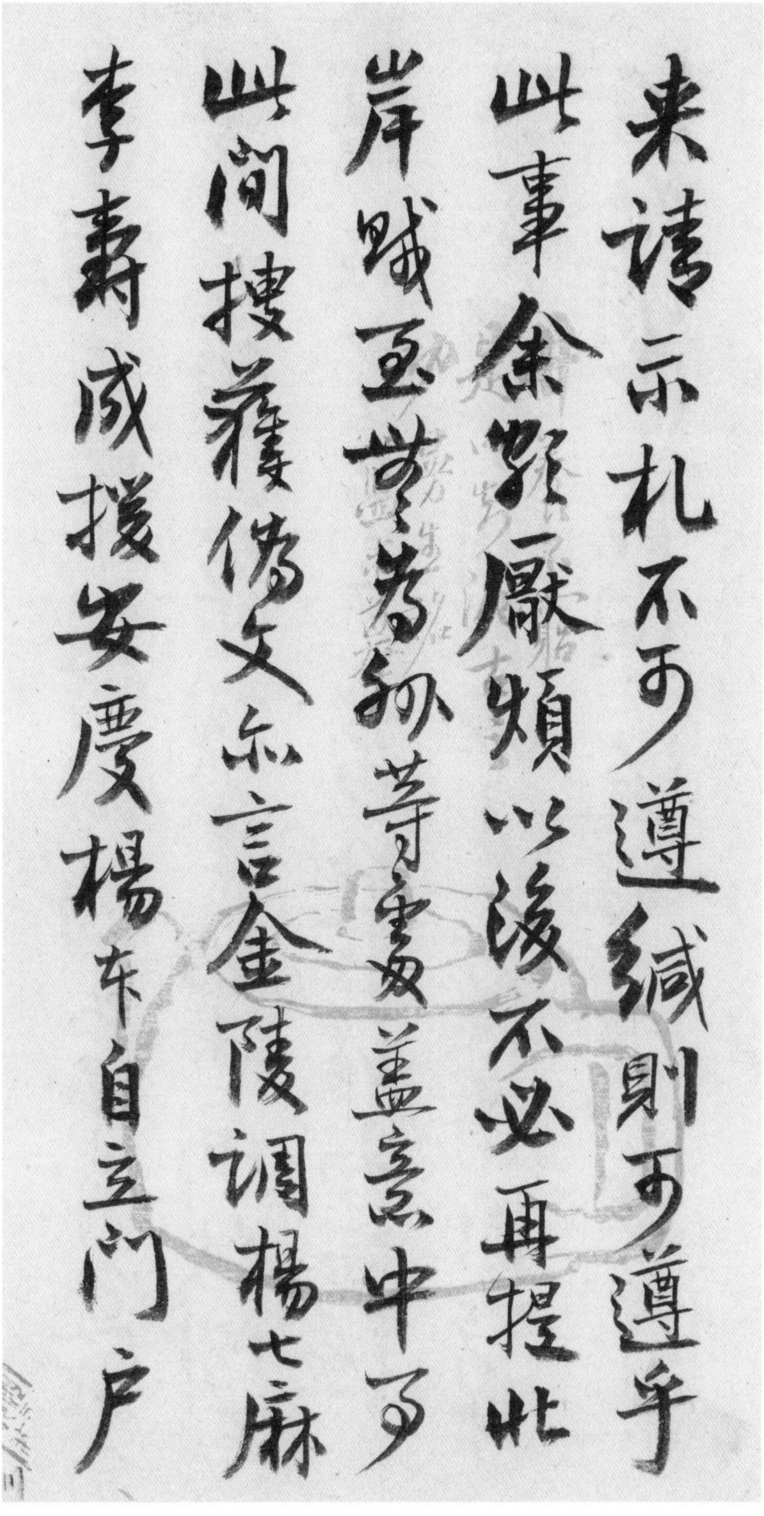
来諭示札不可遵緘則可遵乎此事余雖厭煩以後不必再提北岸賊至甚為猖等要蓋意中事此間搜獲偽文示言金陵調楊七麻李壽成援安慶楊本自立门户

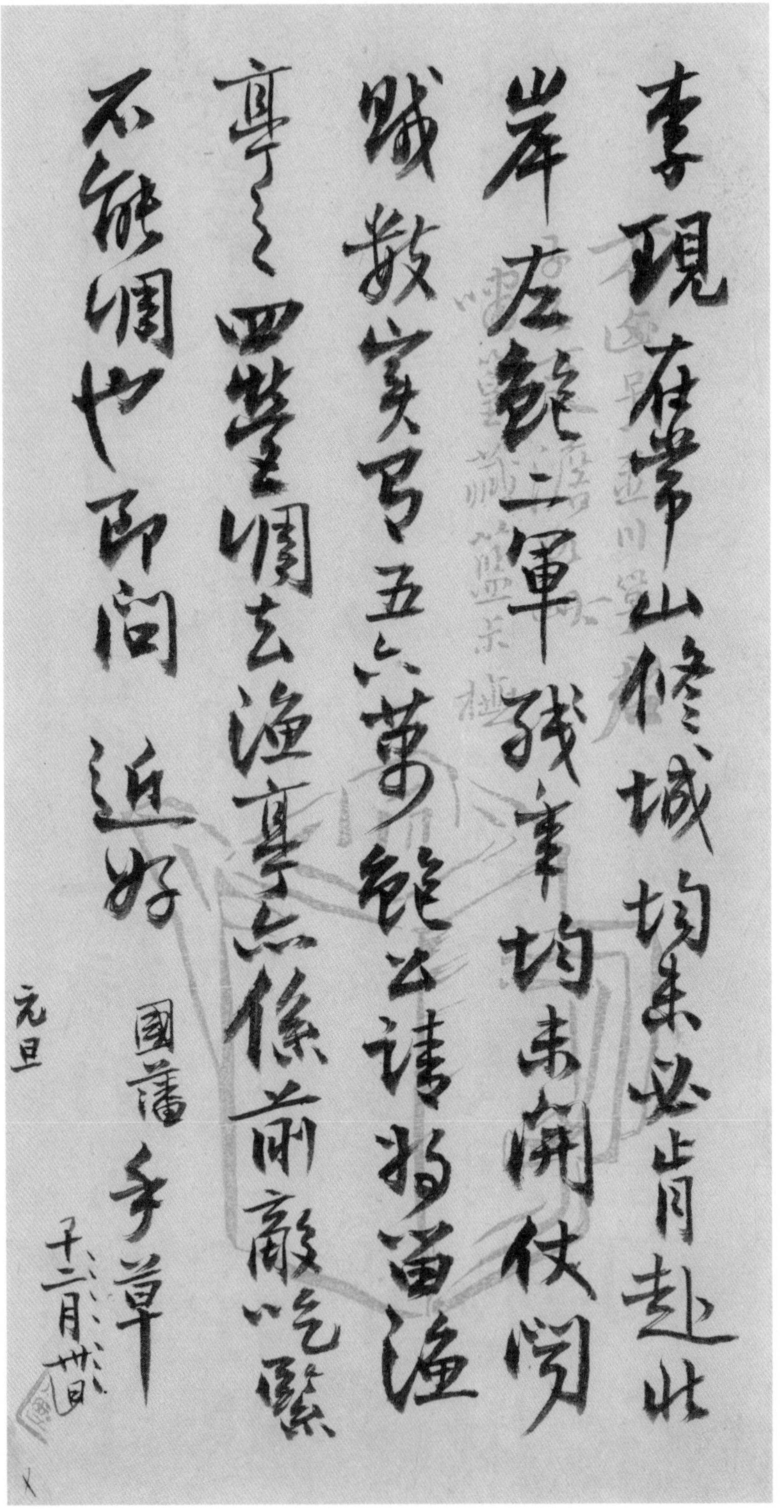

李現在常山修城，均未赴此岸。左路二軍殘寇均未開仗。聞賊數實有五六萬。能否請將留漁亭之四壘調去？漁亭亦係前敵吃緊，不能調也。即問近好。

國藩手草 十二月卅日

元旦

沅弟左右十八日接十五日未刻來信具悉
一切日內雨雪嚴寒深以 弟營缺銀缺
米為慮湖南之十萬金本派官解
弟處不料十一月初八日起行至今四十天
未到昨派砲船四號迎提又為大雪所
阻一俟提到即用洋船搶送 弟處不
知年內可到否 弟派王孝鑑一游江西

之米，朱守謨籌湖北之米，余為力主
其事當高在江岸，杜在鄂，亦無不穩
真之理，但目下責之吳棠，其能多與否
仍未可知。希帥奠儀，余撥令蕭、成、
毛、蕭、周、朱、唐七人，凡有送者，概交余處
彙送。但每軍去一弁同送，不甚聯懽。
唁函則各自另信送。希菴派三營，每營

送二百金，點食粟者。此間明年二月送去。請弟告知省，則該軍共送銀若干。明年二月多餘粟米送可也。弟之四百金，或單送，或粟米送，請酌其代撰挽聯。正月再行交卷。蒙渠交部議處，竟以皖藩降補，繼芳之力甚大，而亦未甚公允。喬升皖撫，萬調寧藩，並

籌糧台恐難膺此艱窘之任

寄諭即日遞達 中丞惠甫与希庵

均保之員十四人皆發為江蘇知縣

朝廷忌其為蘇籍矣 弟已接部

文否大雪奇寒千萬保重復問

近好 國藩手草 十二月十八日河溧

沅弟左右：二十日接十六日來信，并抄寄鄂兩帥來信，具悉一切。大礮守壘只可備一用之，多用則實可不必。吾在營多年，深知大礮之長短。凡炮火之利有二：曰及遠，曰命中。大礮之大子可以及遠而難以命中，謂其愈遠則行愈遲緩，且已聲可以迴避，又往往自上落下，不能橫穿也。其群子可以命中而難以及遠，包得合膛，築得極緊，可及二三箭之遠，否則

僅及一箭而已群子兩能及之霰及號肆色
亦無能及之軍與日久各弁勇多之外行往
慕大砲之名見賊在二三里外絡繹開大砲大子
轟之喜其響之震煙之濃而已見賊不畏
砲而排進如故則以為凶悍無匹而不知大子實
不傷人也吾在水營時戒敕將弁專用群子匯
得圓聚得緊開得近三者此內湖各營皆
能做到外江間有做到此便是無敵之將

陸營善用大砲者吾曾無所聞 弟營
善用大砲者共若干人然大約不滿三百人而
營中之砲卻不止三百尊 弟去年請黃南翁
解砲四尊今年請丁道解鑄砲數尊皆外行之
舉動也余恐火藥接濟不上止攻於地洞大砲
二事詳悉言之火藥臘月已解八萬正月不
過三四萬耳餉銀今日起解六萬竟不能踐十
萬之約云因 弟處臘月已派滬上之三萬運司之

七万八千無着之二万而此間亦已先解九万五近日已有貧兒驟富之象矣余近於餉銀糧藥等物稍缺則已決裂之患稍足又懼滿盈之實家渠并無實缺而帶之勇殊雜又卸李世忠之多余有覆奏密疏抄寄弟閱南翁尚未到此頗不可解程學啟將到常熟余函商少荃令程來共圖金陵順問近好

國藩手草　十二月二十日

沅弟左右：廿日發一緘，後午刻接弟廿
四夜初更之信。弟處送信向多飛遞，近
日間只要來飛遞，能飛遞要來可要也。目下
可慮之端：第一洋船接濟安慶，永無克復之
期；第二黄德瑞三府五六縣失守，饟源斷，豈可
繼之理。非求一良法救此兩端，反復思之，亦家覺

有容堂

善策潤帥非自統舒成馬步剿南岸無濟
營通籌處　弟非撤休黟之兵清江西腹地
繼稱得極好亦不過克江之瑞州保鄂之南數縣
干於西大局盡之端皆不能補救而　弟謂克
復安慶即繫於此舉殆亦細思也　兄之不肯休棄
黟祁三縣者蓋　兄為江督又握江南鎖鑰不

然繞道以覆蘇境，已久爲蘇所吐罵，袁明語
皖南進而入蘇，又棄宗張，筱浦接辦皖南軍務
不能保徽寧二府，又并此三縣而亦棄之，不又爲皖南（現不能克徽之人甚）
所唾罵乎？（頌張而怨我）甚至則危困之際，黟祁曾捐銀數
萬，又甚至撤三縣之兵，仍（須）以重兵防饒景，故兄昨信
言調度極難耳。如使一轉移間而滿盤皆活否

利害兄亦何憚而不樂從乎今決計於瑞節後調鮑軍南渡由潯赴瑞能否得手則聽之天而已望弟修壘修濠專為自守之計如洋船之接濟可斷安慶終有克復之日倘洋船不能禁止接濟則非吾輩所能為力當奏明另籌耳順問近好 國藩手草

四月廿四日 未刻

沅弟左右：接五月初二、六日兩函，均悉。賊實已出境，為之少慰。亢旱不雨，鄂蘇兩省禾稻不能栽插，飢民立變流寇，亦鄂、蘇兩省也。唯鹽河無水，鹽不能出場入江，運河無水，賊可以渡，運竄東境，則蘇東救太於鄂。豈吾兄弟德薄位高，上干天和，累及斯民，而李氏兄弟亦適遭之難耶？中樞內省憂皇無措，湖北餉絀若此，朱芽浦之軍自可緩招，匪已用公牘咨後由弟與筱泉會咨蘇撫韞與芳浦二件附由此信交輪舟帶鄂請韞帥撤停之擬再由沅咨韞公停之弟廿二五日兩函（弟逕寄湖南）亦於日内始到春霆既無治軍之望其軍宜全行遣撤前已函商弟處今日又函商少泉乞六月告病七月開缺弟意既定余亦不便阻止蓋一則大局日壞氣機不如壬子癸甲等年之順與其在任而日日如坐針氈不如引退而寸心少受煎逼一則鄂撫署内風

此次利余自預聞　弟授鄂撫之信即已慮之雖
聞之未始非福惟余蒙江督之簡仙屏淮運司均不能
如願恐　弟可之難必先生至於官相入覲第一
日未蒙　召見聖眷之殊平平　弟謂受
恩殊厚係閱歷太少之故大抵中外人心皆以弟
之彈章多係實情而　聖意必以酉託公為旗人稍存體
面之中外人所共見也餘詳日記順問　近好
國藩手草
五月十二

沅弟左右：十七日寄去一緘，到否？二十一日接十三日一緘，以湘鄉土匪業已掃滅，尚有一股。余日來有進患共四事：大者則恐枯旱經不下雨，又恐捻匪竄至運河以東；小者則恐湘鄉之會匪與阜寧之海匪養成氣候。今幸兩處之匪皆已掃除，廿日金陵已得大雨，不至竟成旱災，三事可放心。惟接眉生寀探，捻匪於十二日由東平境內竄過運河，大局殊壞，幽燕殊蹙，江蘇之東此四府處處可虞。頃見邸鈔，御史佛爾國春參弟之營中有劾官相當，黨不實，照例反坐之說，經諭旨平反調停，而痕跡殊重。弟見之必更懊惱，又增幾分退志。余觀軍務日形吃緊，朝廷必不允弟告病之請，而弟之中懷鬱鬱之久，勉強久留，恐致生病，兄亦躊躇不能代決。弟之主意定後，如決志告病，望派雪弁搭輪船前來，將摺稿送兄斟酌商定再發。蓋嘗目幾物論日滋吾兄弟高爵顯官為天下第一指目之家總但須於奏疏中加意檢點不求獲福但求免禍雲仙得藉詞規避之批蓋仍遵前旨進京候簡等語本不穩妥也本此時楚論如何怡帥如何處官總以保養身體為第一著摺稿送來余潤色必妥此不餘詳日記中總紀鴻當於向日偕劉國斌南旋順問近好

國藩手草　五月廿一

宵月初八夜

沅弟左右：廿日接第十三、四及十五兩信，此即後信專差到日來賊竄四處，由孝感而東南，則黃陂、新洲及黃州各縣處處有虞。步賊故智，只附廓紳糧存則百餘里連數日不少停歇，有時旋繞於百餘里之內，如蟻旋磨，忽左忽右。賊中相傳秘訣曰：多打幾箇圈圈，官兵之追者自疲矣。僧王曹州之敗，係賊以打圈圈之法疲之也。吾觀捻之長技約有四端：一曰步賊長竿，於鎗子如雨之中冒煙衝進；二曰馬賊周圍包裹，遠而且勻；三曰善戰而不輕試其鋒，必待官兵找他，他不先找官兵，得粵匪初起之訣；四曰行走剽疾，時而數日千里，時而旋磨打圈。捻之短處亦有三端：一曰全無火器，不善攻堅，只要官吏能守城池，鄉民能守堡寨，賊即無糧可擄；二曰夜不紮營，散住村莊，若得善偷營者，乘夜劫之，脅從者最易逃潰；三曰輜重婦女騾驢

極多善戰者與之相持而別出奇兵襲其輜重必大受創此等

兩閱歷而得者　弟素有知兵之名此次於署及在鄂之際軍乃甚

不得手名望必為減損仍當在選將練兵上切實用功以維持大局

掃淨中原之氣一以挽回吾名間執讒慝之口吾發奏摺昨日接發新

正赴陝稍接督篆三月必切實整頓辛苦半生不肯於老年博取

巧之名被人竊笑也餘詳日記中順問

近好　十二月廿日

沅季弟左右：初八日申刻接初四日信，具悉一切。東壁事反汗亦為不難。蘇、余復能作稿抄閱。能軍準用民夫，即日當通行各屬。彭縣於初五日克復。左軍聞忠王至景鎮，或出大股人馬三路，竟可不棄乎？水大漲，常於賊則要

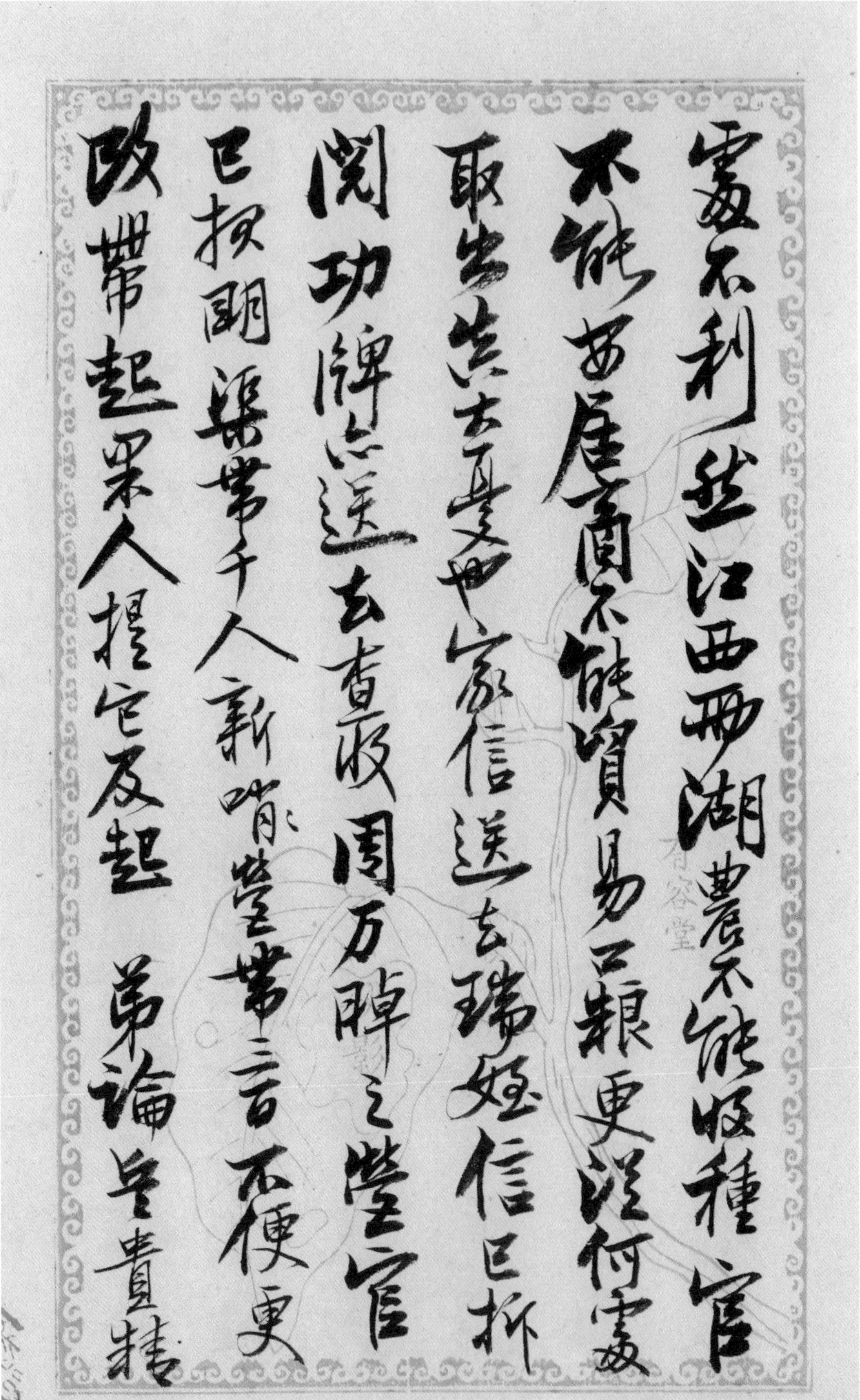
處不利，然江西兩湖農民不能收種，官
不能安居，商賈不能貿易，口糧更從何處
取出矣。去冬寄也家信送去瑞姪信，已拆
閱。功牌已送去，查收。周萬倬之營官
已撥頭營帶千人，新哨營帶二百，不便更
改帶。起眾人提它及起。弟論兵貴精

不貴多一段宜且直理茲東處守外
濠內濠約計七千餘里万餘人當嫌其少如
賊猛撲外內兩濠地段太長余深以為慮
時左公樂平野戰迥乎不同第切不
可存此心謂人已太多力已有餘也若存此
心必致誤事計外內并守僅敷一班站

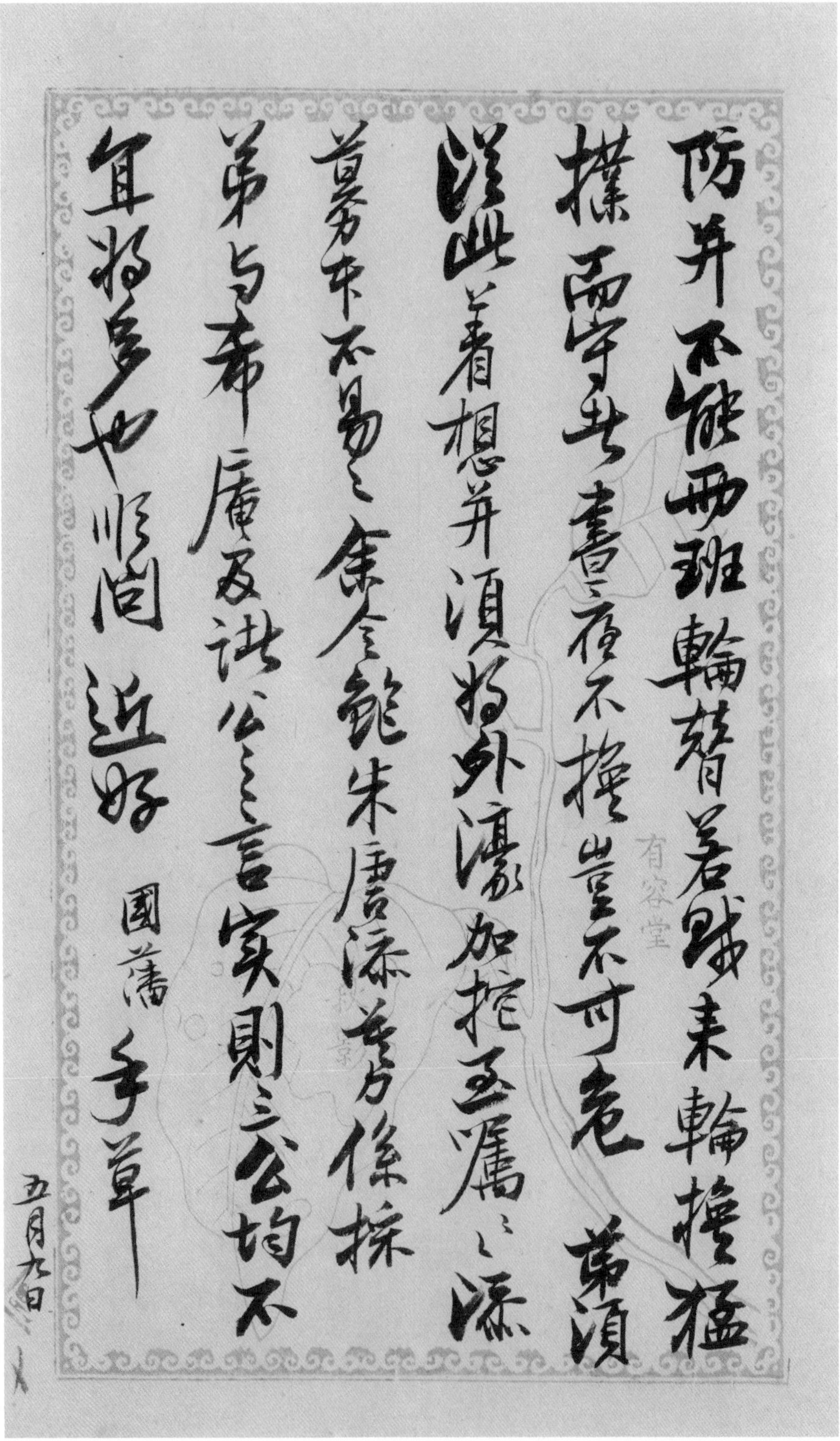

防并不能兩班輪替若賊來輪撲猛
撲兩[illegible]晝夜不撲豈不可危弟須
謹慎處處着想并須將外濠加挖至層層添
首務本不易易余令能朱唐添營係操
弟與希庵及訥公之言實則二公均不
宜將多也順問近好
國藩手草
五月九日

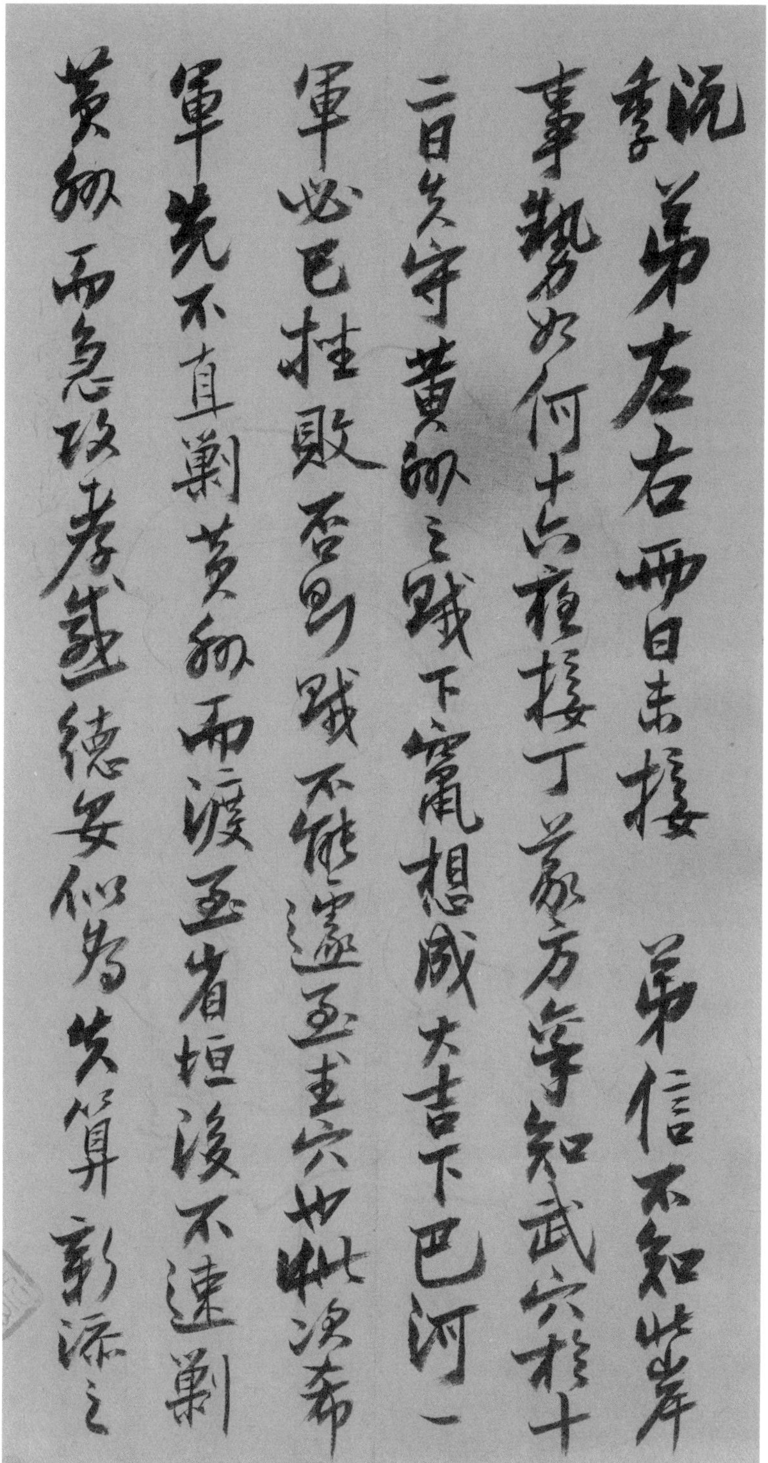
沅
季弟左右兩日未接 弟信不知北岸
事勢如何十六續接丁義方等知武穴於十
二日失守黃州之賊下竄想成大吉下巴河一
軍必已挫敗否則賊不能遽至武穴也此次希
軍先不直剿黃州而渡至省垣後不速剿
黃州而急攻孝感德安似為失算彭源之

豈太多臨大敵未必可靠唐桂生在徽兩桂
營因新勇太多之咎弟處安慶一軍亦嫌新
勇太多前後濠亦可堅守無虞特恐未敗而
自潰不可不防也余在休寧凱章守城一切
謹愼之至嶺外之賊因黃文金大股調援北岸
劉古賴大股調數千人守金陵賊氣不旺祁門

差可安堵。左季翁於初六、初十兩獲大勝，蔡
將原信抄隨覽，望即寄於宮保一閱。能於初十
日由湖口起行，十二日至馬當，石嶺十五六日當可至
鮎魚山一帶，與左公漸漸通氣，左能相會，則
余處又可轉危為安，弟可放心。弟處兩縣
急弟不必管轉運事，此間近好。國藩草
三月十七日巳刻

沅季兩閣又接第十四日辰刻信，潤帥自率千人援懷寧，不可，余亦專函諫止。今日朱雲岩來，休接我回祁，余只得返祁門老營。實則祁營不如休城之堅，雲軍亦不如凱部之穩也。各信閱還。兄又門

李寶賢究竟何如？已請其營之遠不如南雲者查之。

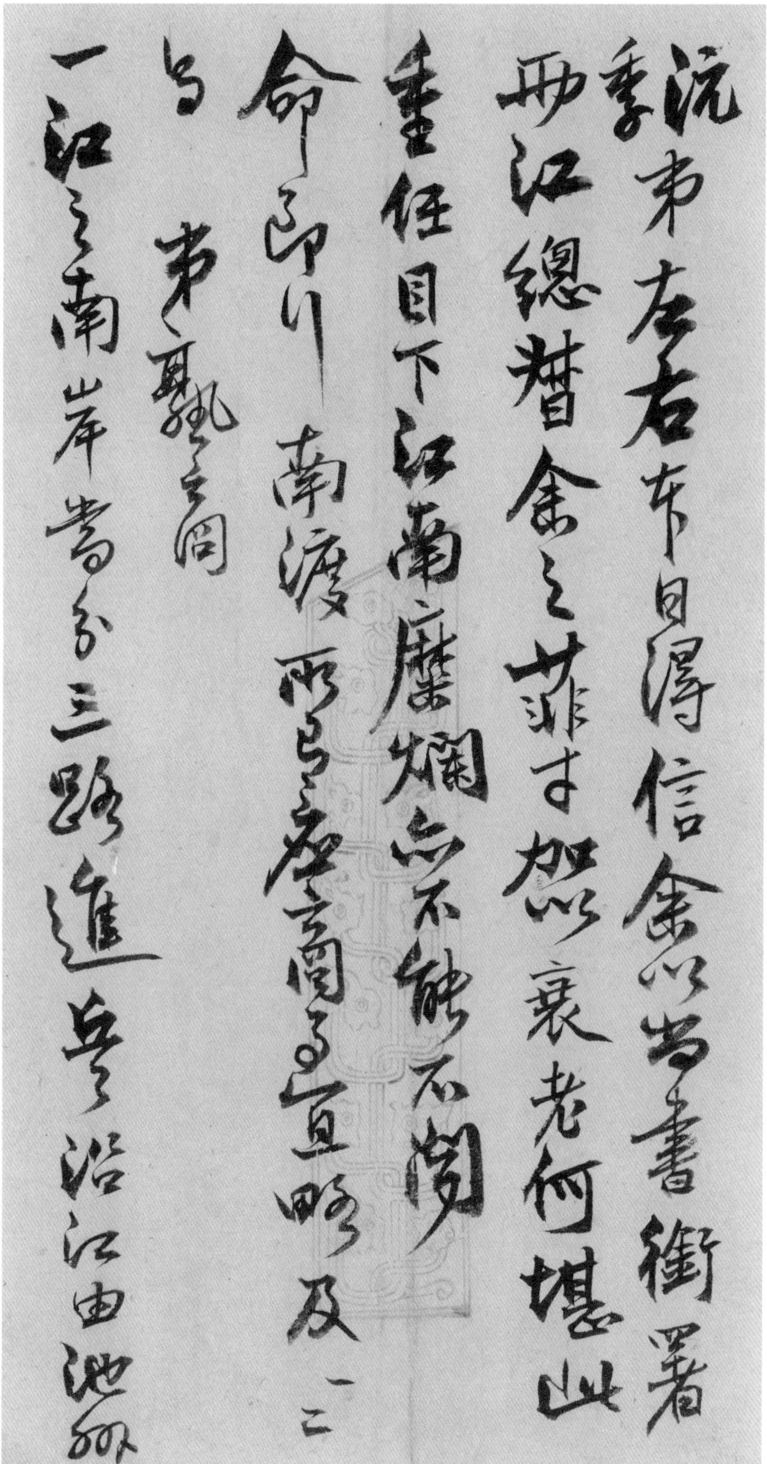
沅季
弟左右昨日得信余以尚書銜署
兩江總督余之菲才加以衰老何堪此
重任目下江南之糜爛亦不能不勉
命之即行南渡所過之處商量之宜略及一二
與弟之熟商之
一江之南岸當分三路進兵沿江由池州

以至蕪湖為第一路，徽州寧國為第二路，由廣信衢州嚴州以至浙江為第三路。浙江失矣，恐第三路以救浙為急；浙江存矣，恐第三路一面規復浙江，一面保守江西。余注札大約在第一第二路之間，弟以為然否？

一江之北岸奏請另簡欽差大臣諭
札請江浦保全下河七屬并鹽場之利其
都直大江北之之奏請免其前往廬湖
此之之事与餉稍得寬紓
一撥帶霆字全軍至南岸調沈幼
丹守廣信調張凱章來景德鎮其

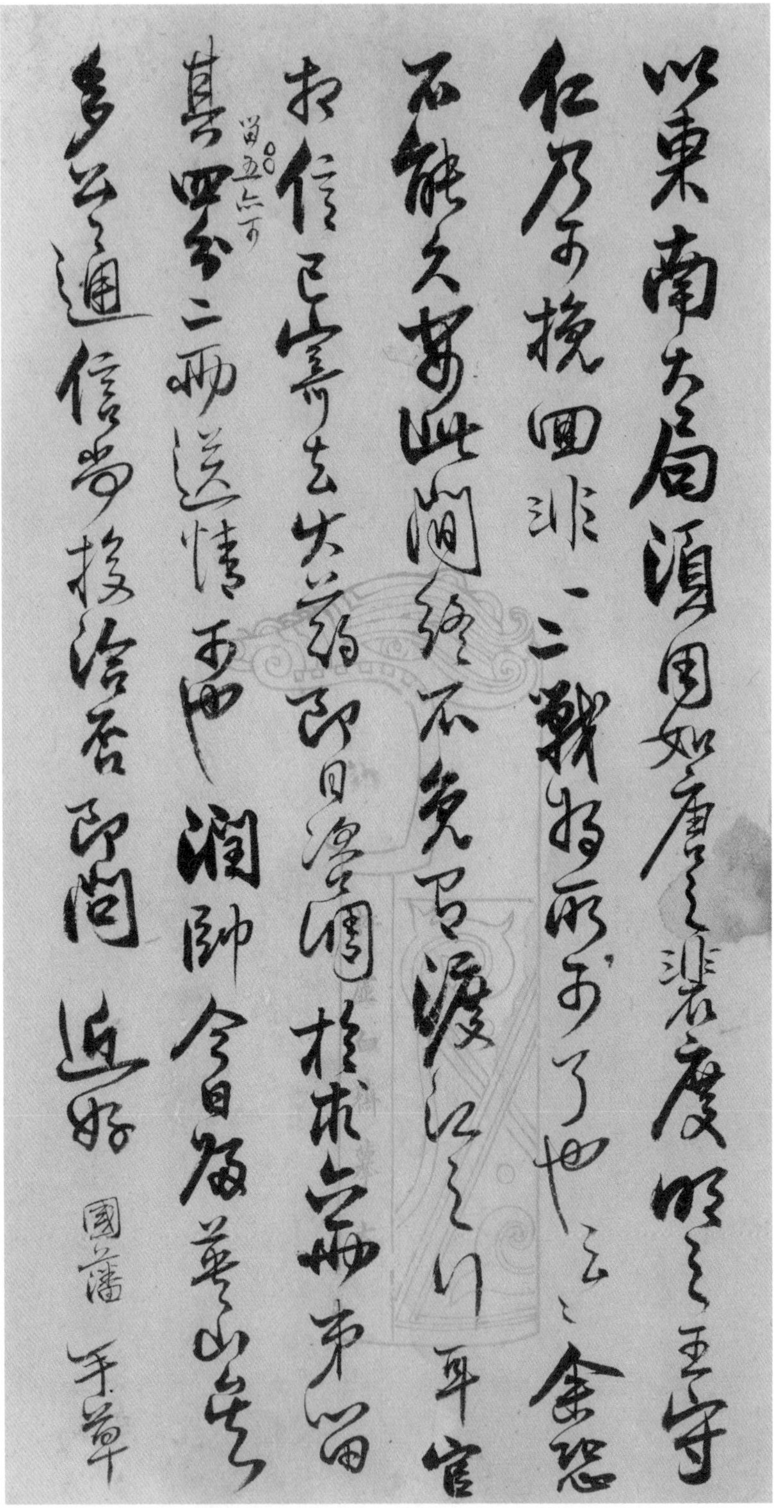

以東南大局須用如唐之裴度、明之王守仁，乃可挽回，非一二戰將所可了也云云。余恐不能久安此間，終不免有渡江之行耳。官折信已寄去，大約即日當傳。希庵東留其四營（留五六百）二兩送情再也。潤帥今日發萬山去。多公之遇信常接洽否？即問近好。國藩手草

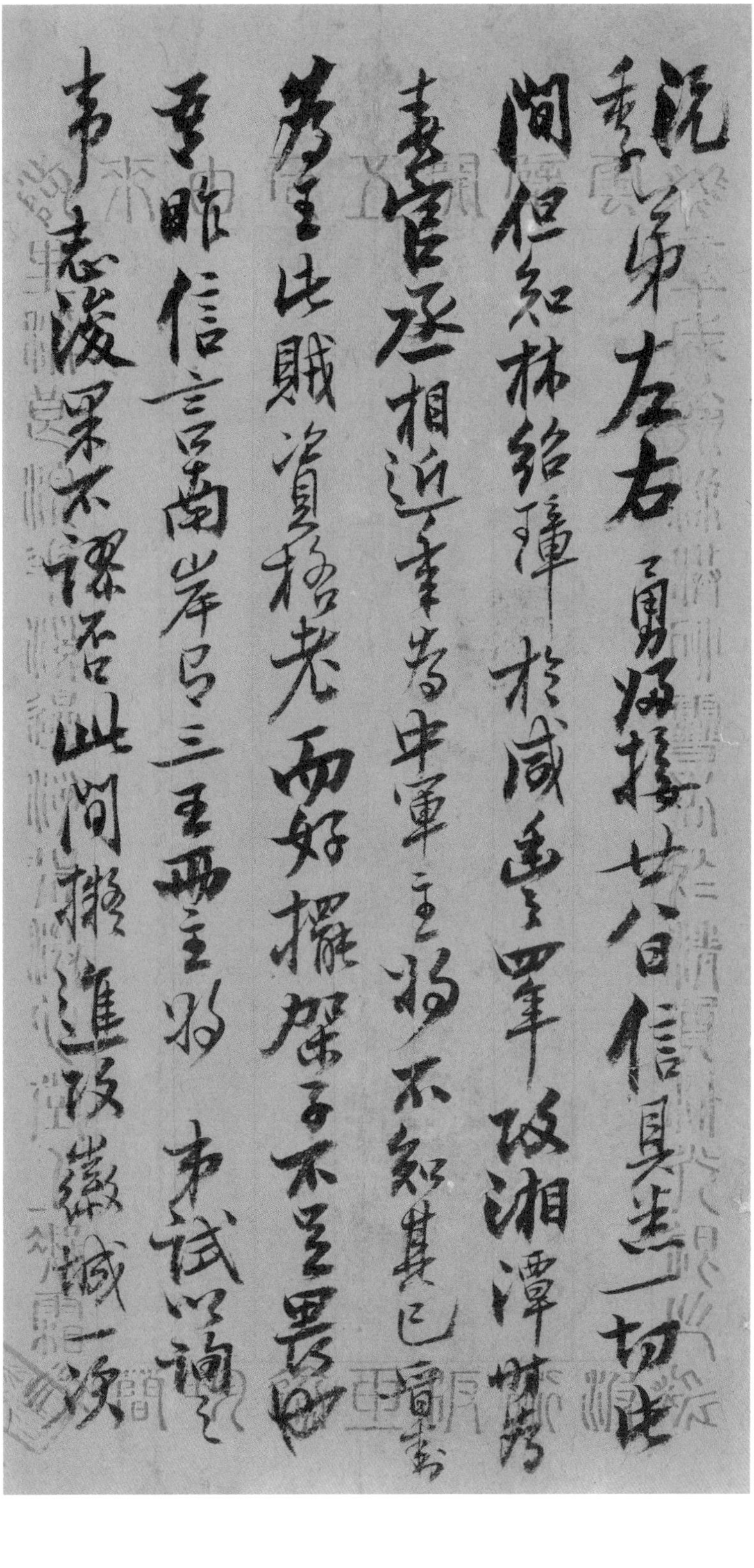
沅季弟左右：勇好接廿六日信，具悉一切。此間但知林紹璋於咸豐四年攻湘潭時勞著，官至相近年爲中軍主將，不知其已曾出。若此賊資格老而好擺架子，不足畏也。至昨信言南岸只三王兩主將，弟試以詢弟志凌，果不謀否？此間擬進攻徽城一次

旋至南陵等處，去年十一月十六入羊棧嶺，
本年正月初六入大赤嶺，二月廿三入櫸根嶺，皆
該逆之部下。此五大股，其每股賊黨多者十餘
萬，少者亦八九萬。惟太平府不知何賊所管。江北
僅四眼狗、李侍王、其王將數人，亦不盡知其姓
名，亦不能辨其分管之地耳。弟可便中細
查訪。弟欲余移往江濱，余久有此意，此

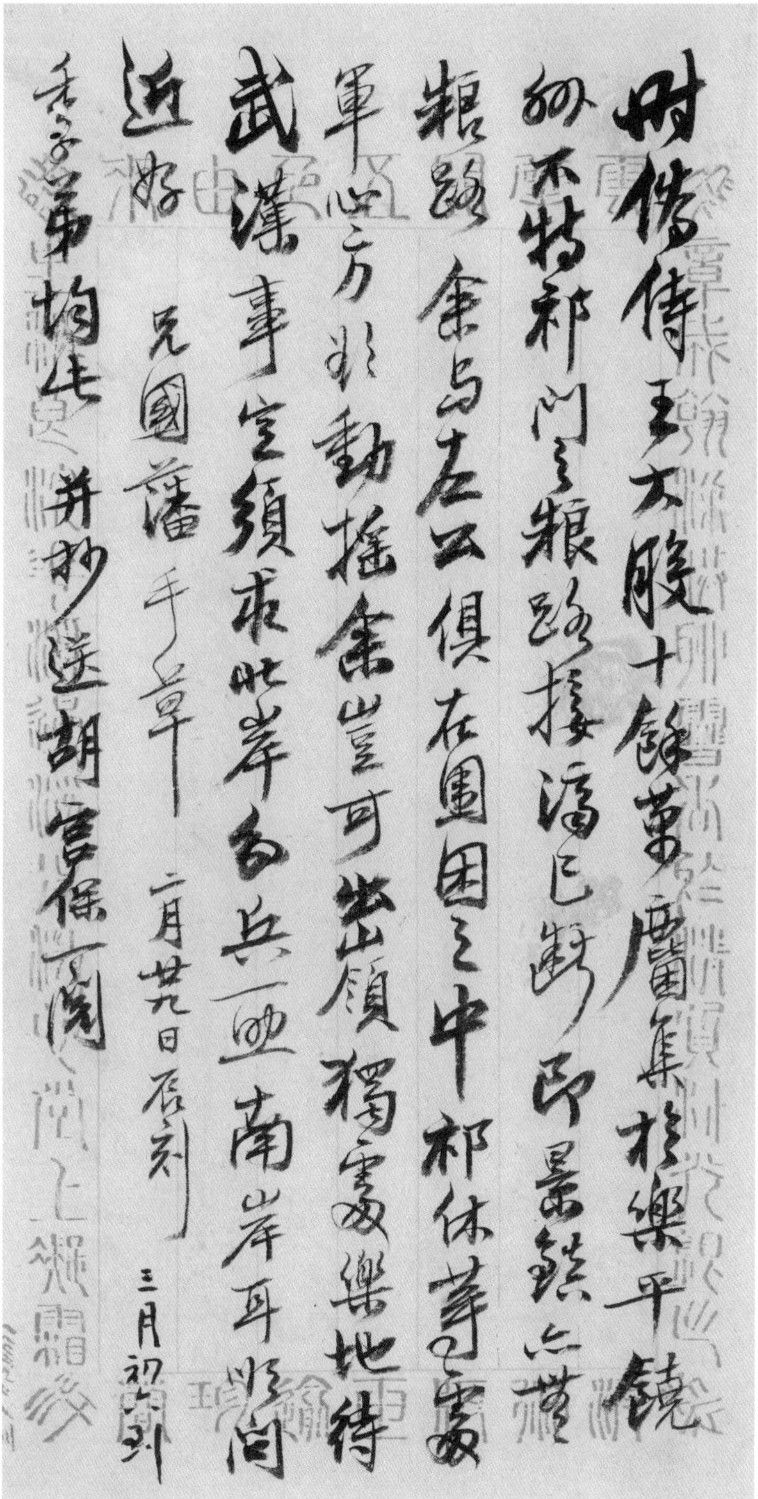

聞偽侍王大股十餘萬麕集於樂平、饒州，不特祁門之糧路接濟已斷，即景鎮亦難糧路。余與左公俱在重圍之中，祁、休等處軍心方將動搖，余豈可出嶺獨處樂地？待武漢事定，須求北岸多兵一過南岸耳。順問近好。

兄國藩手草　二月廿九日辰刻

沅季弟均此。并抄送胡宮保一閱。

三月初六到

〻正季信閒文接　弟廿四夜丁鹹託
春霆送來共金前西鮑軍救援此岸
係屢次接　潤帥信且令其預先渡
江顧後因僕傳至竄鄱樂一帶已談
計不令鮑救應此岸已送次青報并飛函
續達　弟國藩又行
二月廿九日

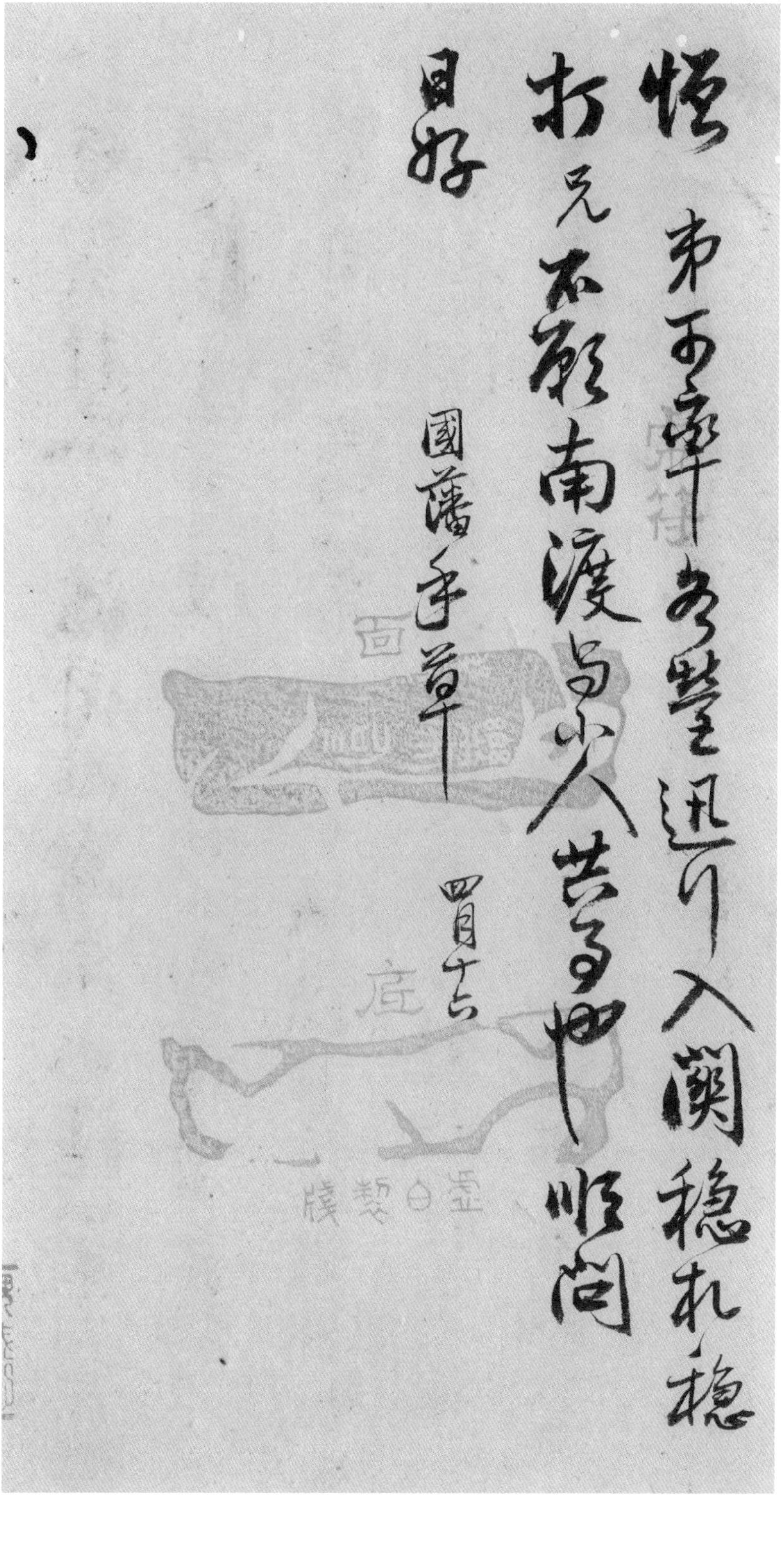

惟弟可率各營迅入關穩扎穩打，兄不能南渡與少荃會也。順問日好。

國藩手草 四月十六

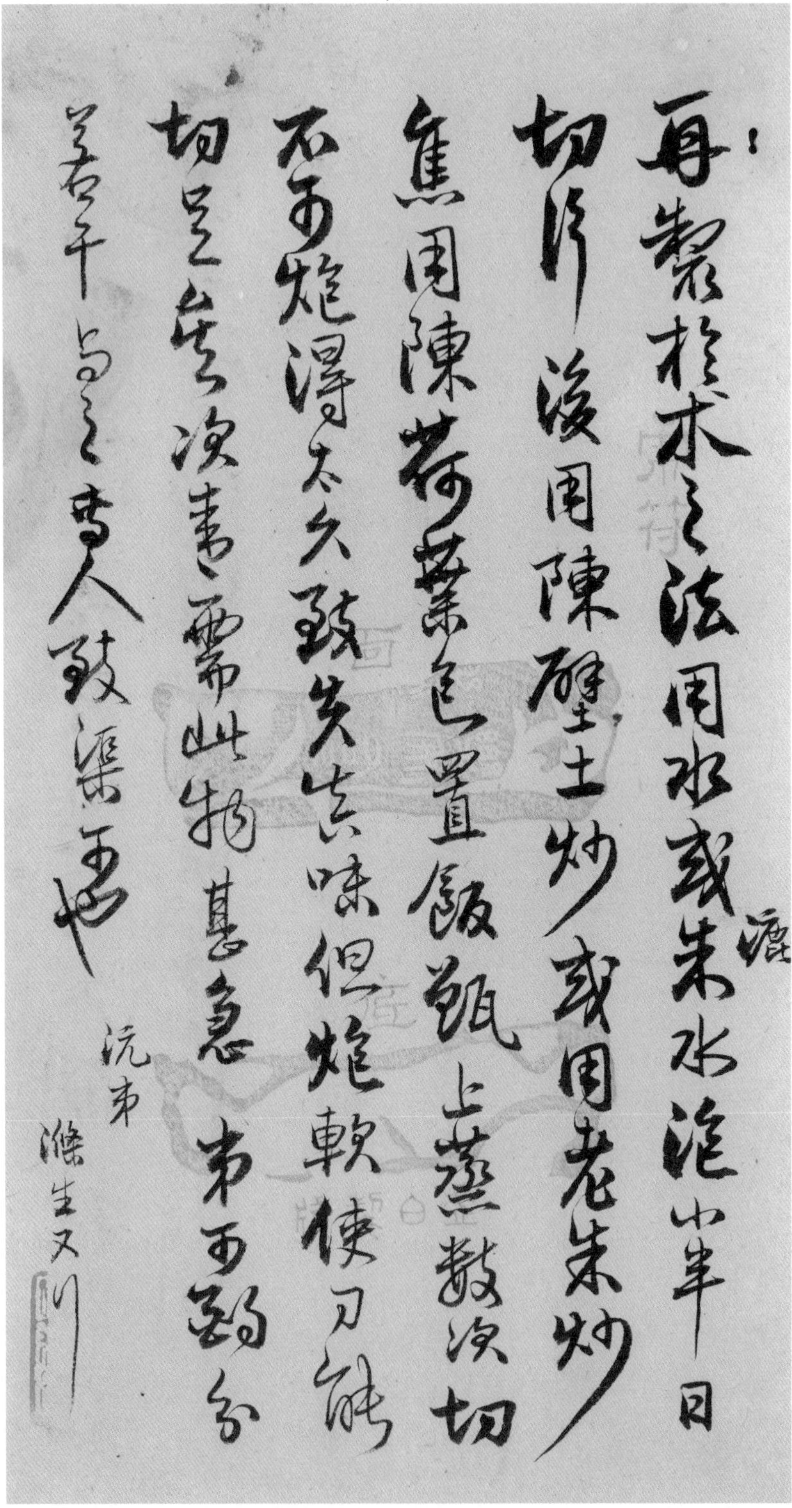
再：製樁木之法，用水或米水泡小半日濕，切片後，用陳壁土炒，或用老米炒焦，用陳荷葉包置飯甑上蒸數次，切不可炮得太久，致失其味，但炮軟使刀能切足矣。此次書需此物甚急，弟可覓分若干，與之專人，致澤兒也。

沅弟

滌生又行

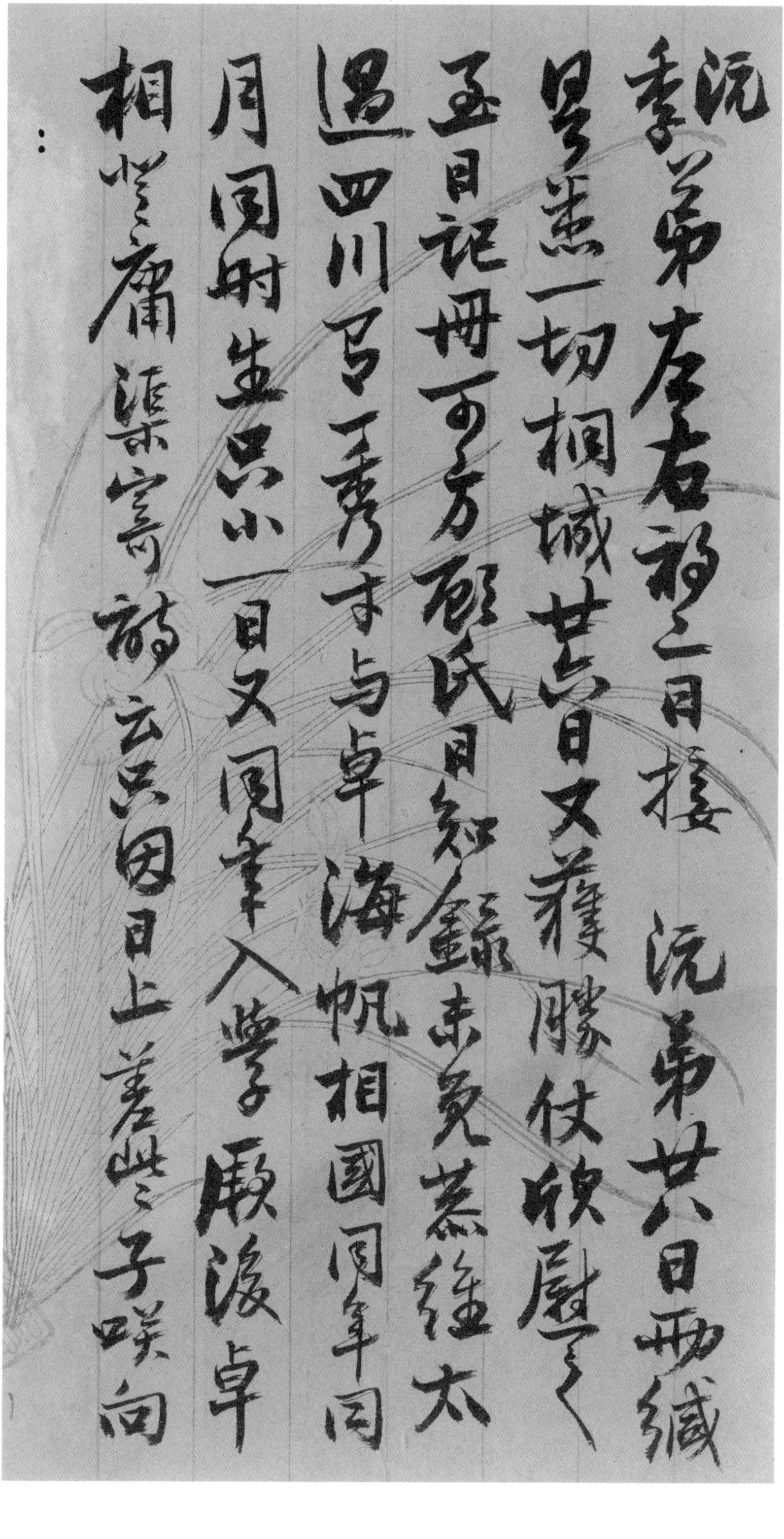

沅、季弟左右：初二日接沅弟廿六日函緘，具悉一切。桐城廿日又獲勝仗，欣慰之至。日記冊可方顧氏日知錄，未免蕪雜太過。四川有丁秀才與卓海帆相國同年同月同時生，只小一日，又同年入學，殿後卓相甚之，廉謙寄詩云：只因日上差些子，嘆向

蜀江作鈞翁余之日記此頁之日知亦恐
日上差些子也至於添一條思亦可不必
將來兄弟老境同在家園歡聚請動
族戚弟等文卷於後批請一筆勝於我
之自添一條多些前後冊均於福之日
到祁門左季翁來祁已五日其部

下各營廿二日在貴溪打一勝仗廿九日在
德興打一勝仗閏初一將開大仗若能打
開德興則可進婺源同進休寧也芝
生所薦之熊姪未知何如請師乃第一
要緊事子弟之成敗全係乎是　弟須十二
分惜重也即問
近好

國藩手草

咸豐十年十月初八日到

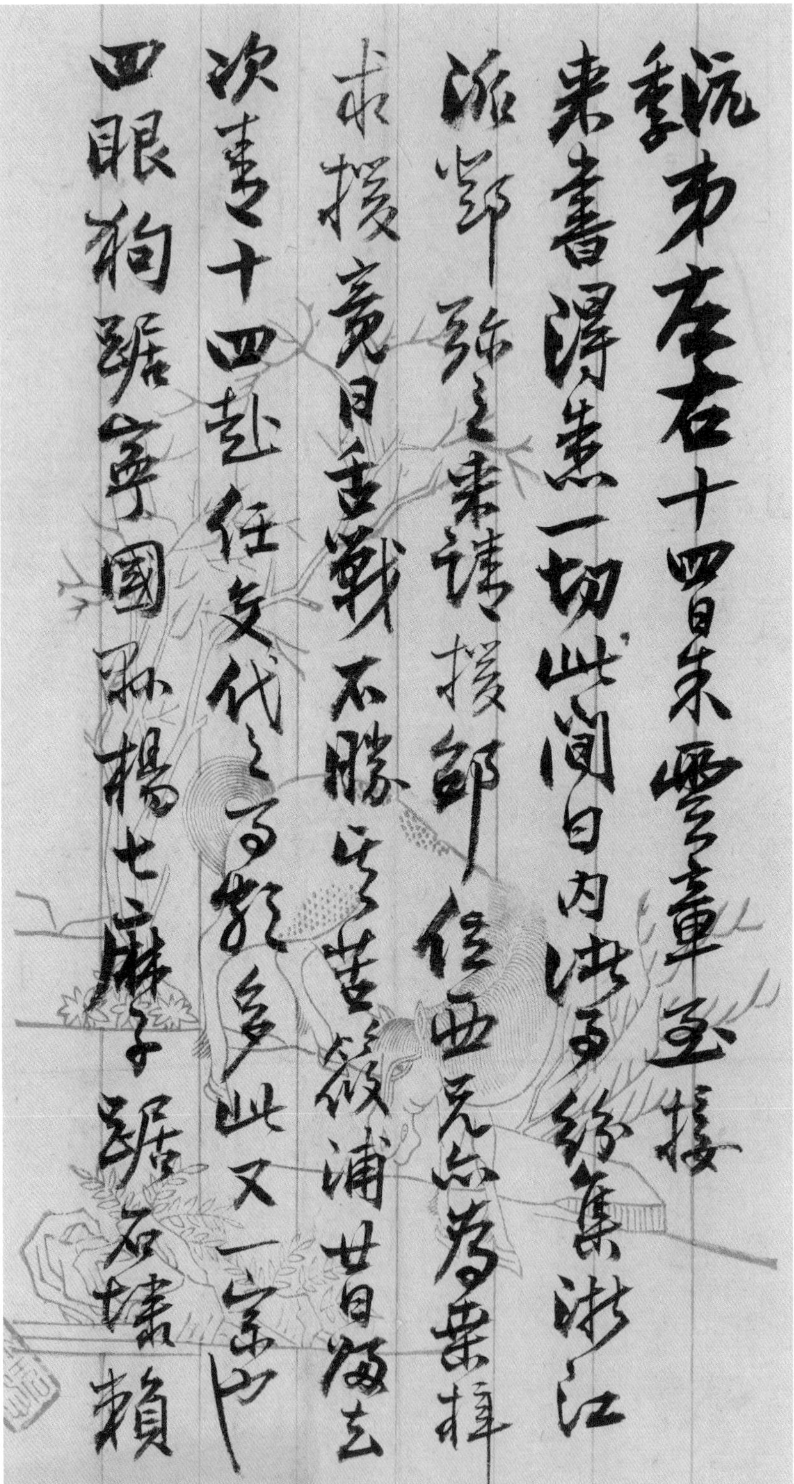
沅、季弟左右：十四日未刻雲章至，接
來書，得悉一切。此間日內洪事紛集，浙江
派鄧彌之來請援，鄧係西兄為桑梓
求援，竟日言戰不勝其苦。發浦廿日後去。
次青十四赴任，交代之事繁多，此又一累也。
四眼狗踞寧國，那楊七麻子踞石埭，賴

劉度踞涇縣皆阻凱霆兩軍進兵之
路周天受在寧國府望援如焚約九十
一賊將寧郡城外之壘悉行隔斷日以
難支此又一窘也廣東仁化之賊竄至
桂陽贛南驚擾紛紛飛函延請左公
南援此又一窘也十五六兩日將書院賊

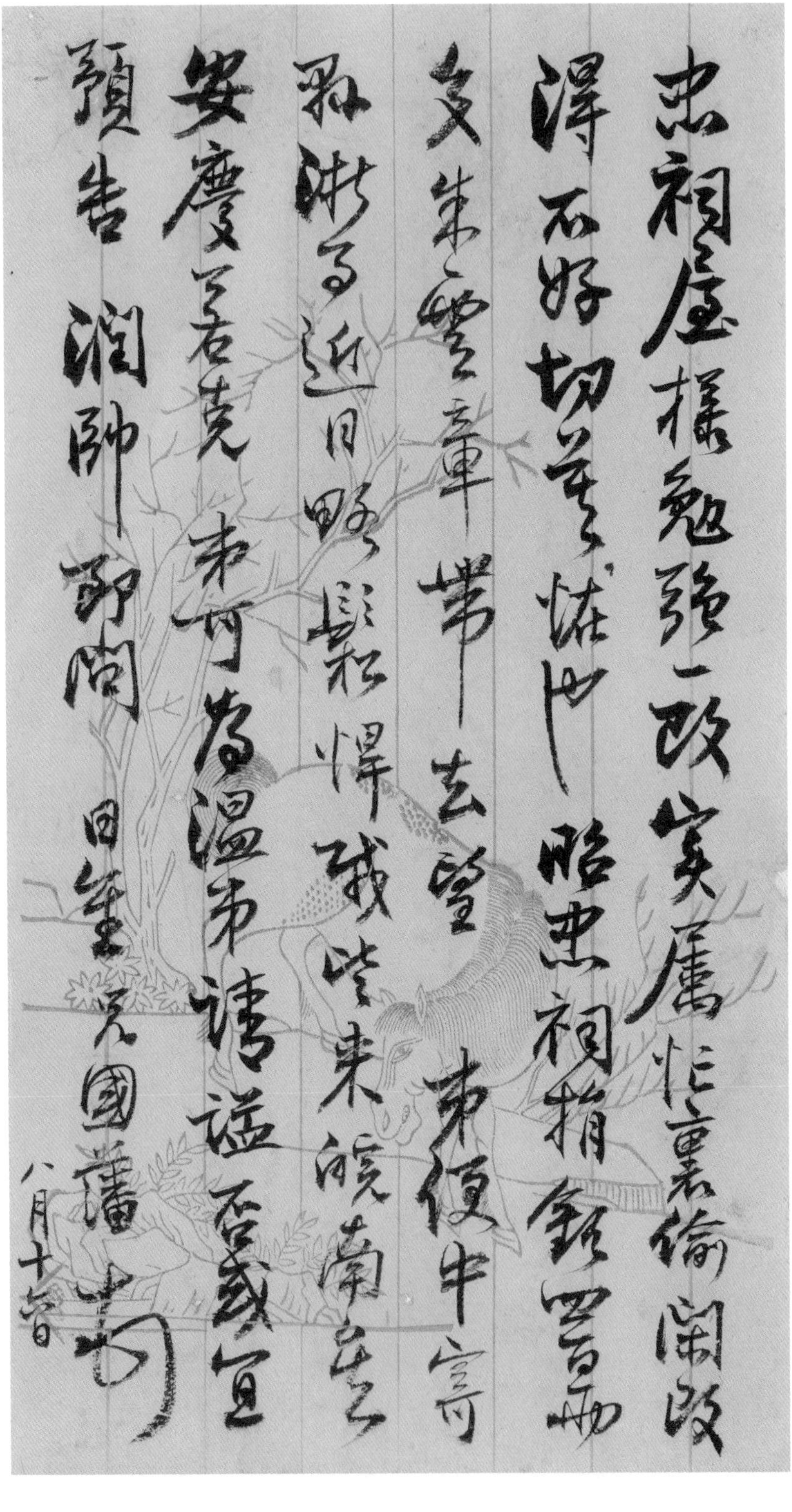
忠祠屋樣勉强一改，實屬忙裏偷閒，改得不好，切莫怪也。昭忠祠捐銀四百兩，交朱雲章帶去。望弟復中寄取。湘勇近日頗鬆，悍賊昨來窺南安之安慶。若竟未可，為温弟請謚否？或宜預告。潤帥、鄂問。

國藩手
八月十[illegible]日

沅季帥左右日內來接

來信接得平安李少山信言長濠迄咸

寧難飛越至以為慰此間廣德孤之城於

近日迟出城內已吃孤境甫清寧國圍城

之殘閒亦漸迟接是寧東壩蕪湖此渡上

援安慶出壽接到雄信善采東烏此岸

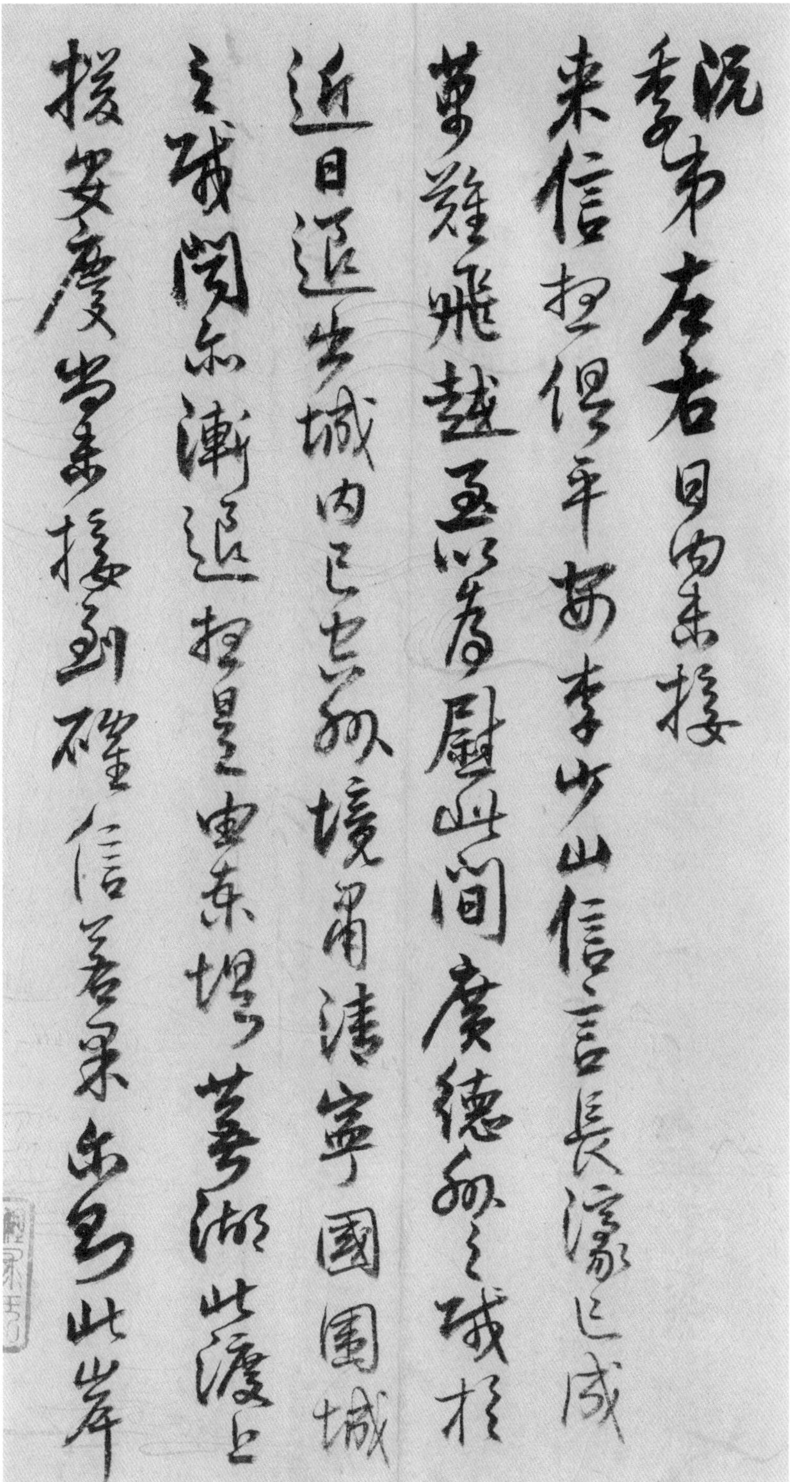

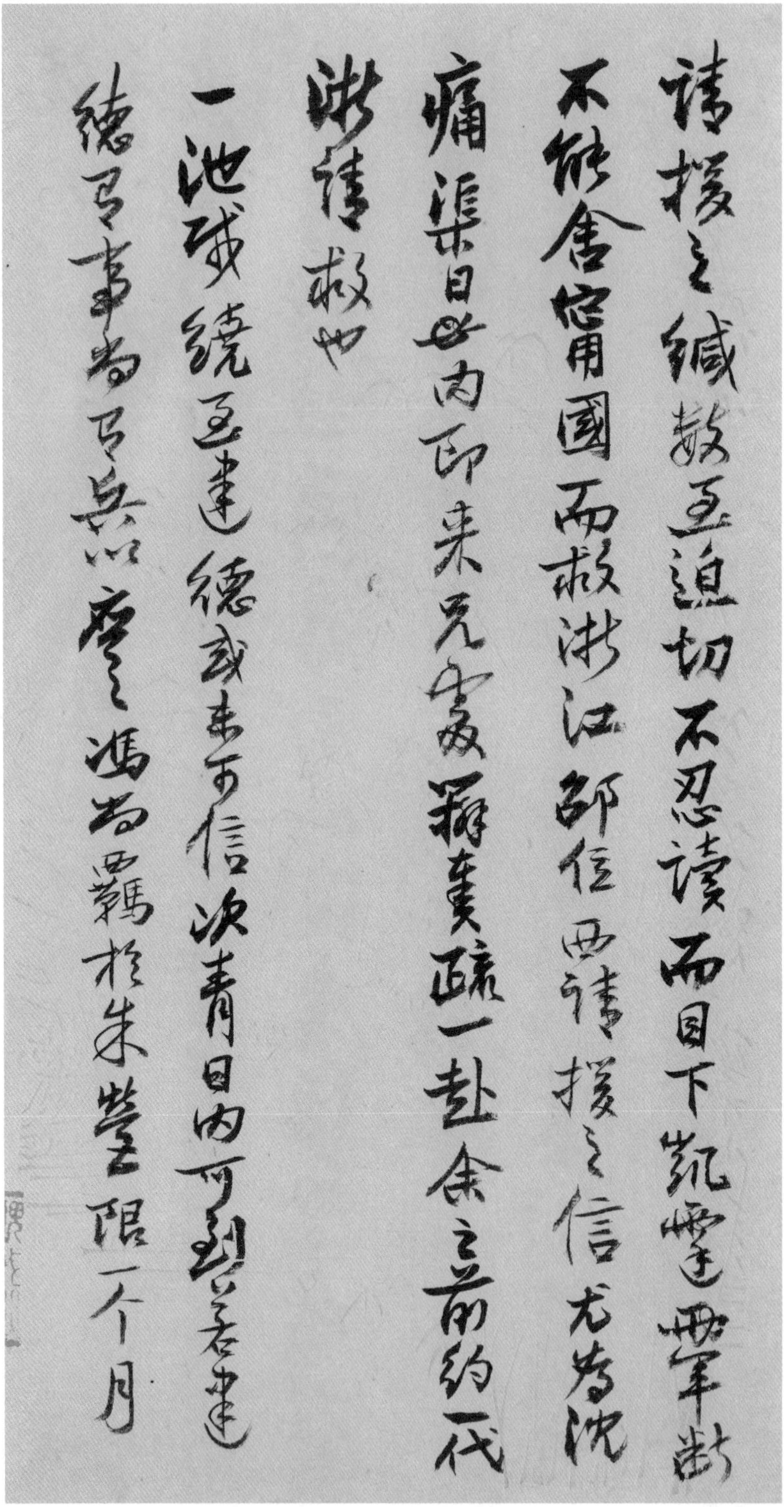

請援之緘數至迫切不忍讀而目下凱章斷
不能舍寧國而救浙江邵位西請援之信尤爲沈
痛渠日必內即來兄處擬奏疏一赴余之前約一代
浙請救也
一池賊繞道建德或東下信次青日內可到若建
德之事尚可無慮馮尚羈於朱營限一个月

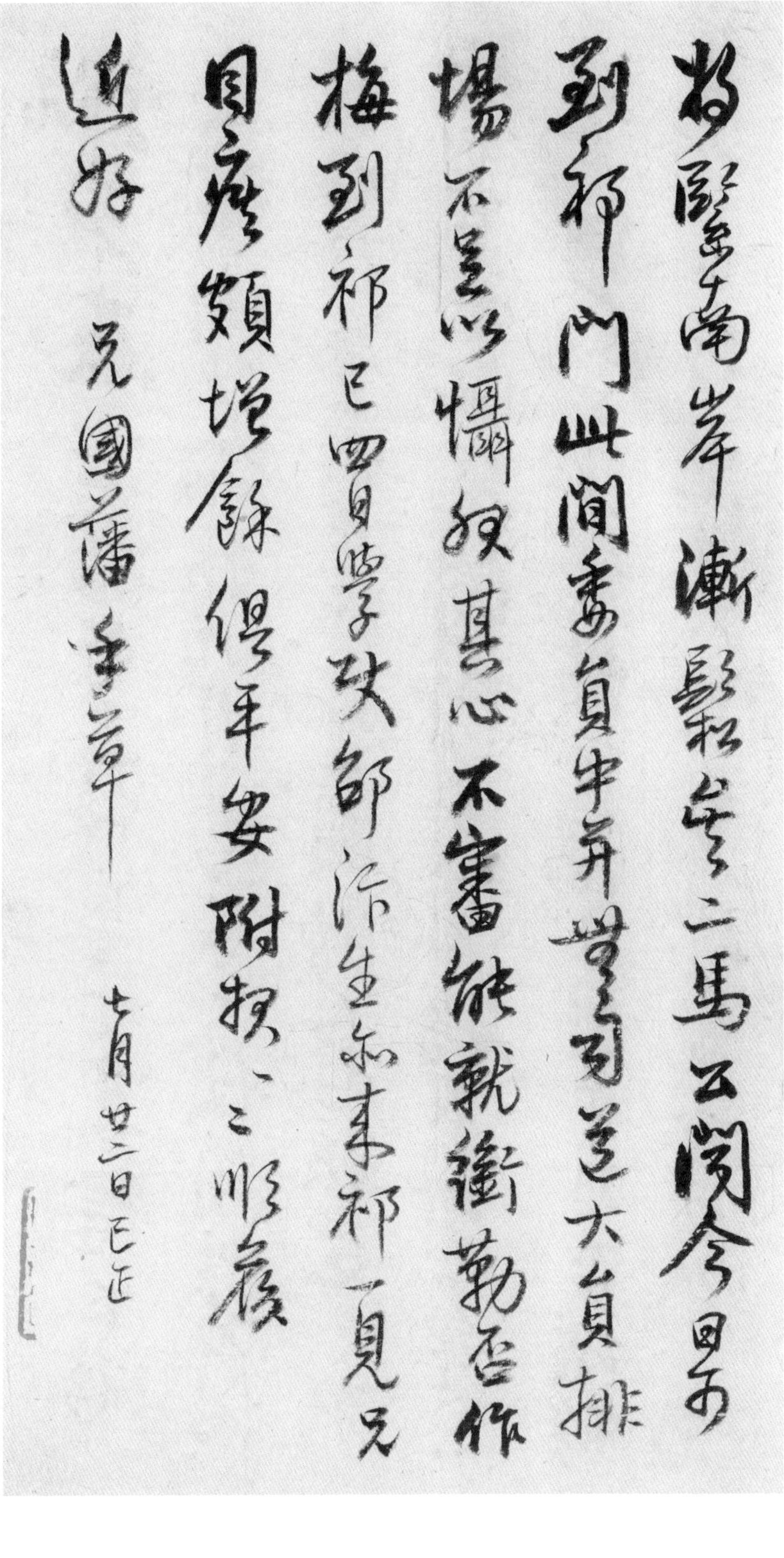
將鄂南岸漸鬆，然二馬五關今日弟
到祁門。此間委員半弁營司至大員排
場，不足以懾服其心，不審能就衛勤否。作
梅到祁已四日，學攻部係生和事，祁一見兄
目疾頗增，餘俱平安，附報以慰
近好
兄國藩手草 十月廿二日巳正

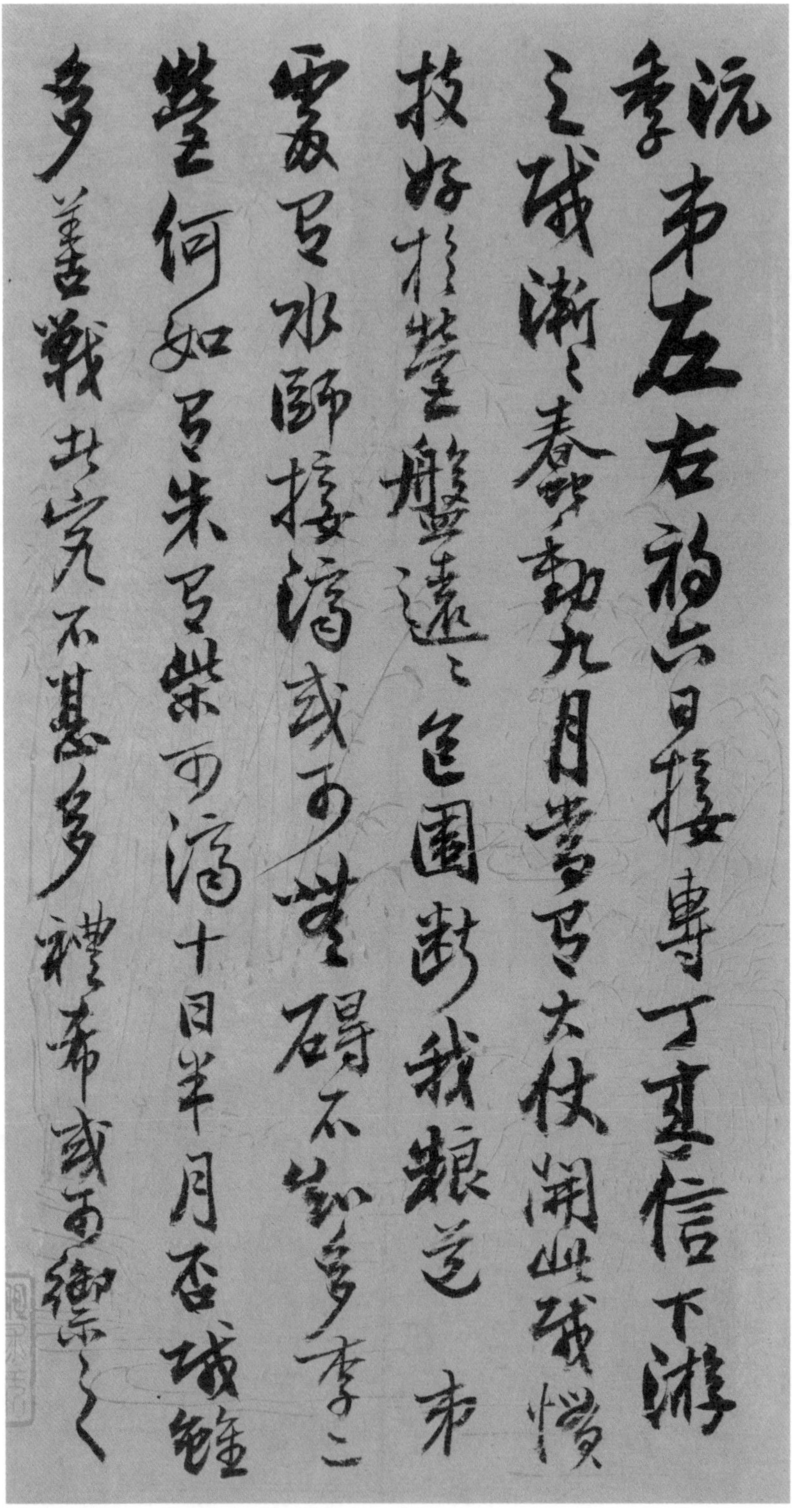
沅、季弟左右：初六日接專丁專信，下游
之賊漸漸蠢動，九月當有大仗。聞此賊慣
技，好於盤旋遠遠包圍，斷我糧道。來
處有水師接濟，或可無礙。不知多、李二
營何如？有米、有柴可濟十日半月否？城賊
多善戰，此究不甚多，禮希或可御之。

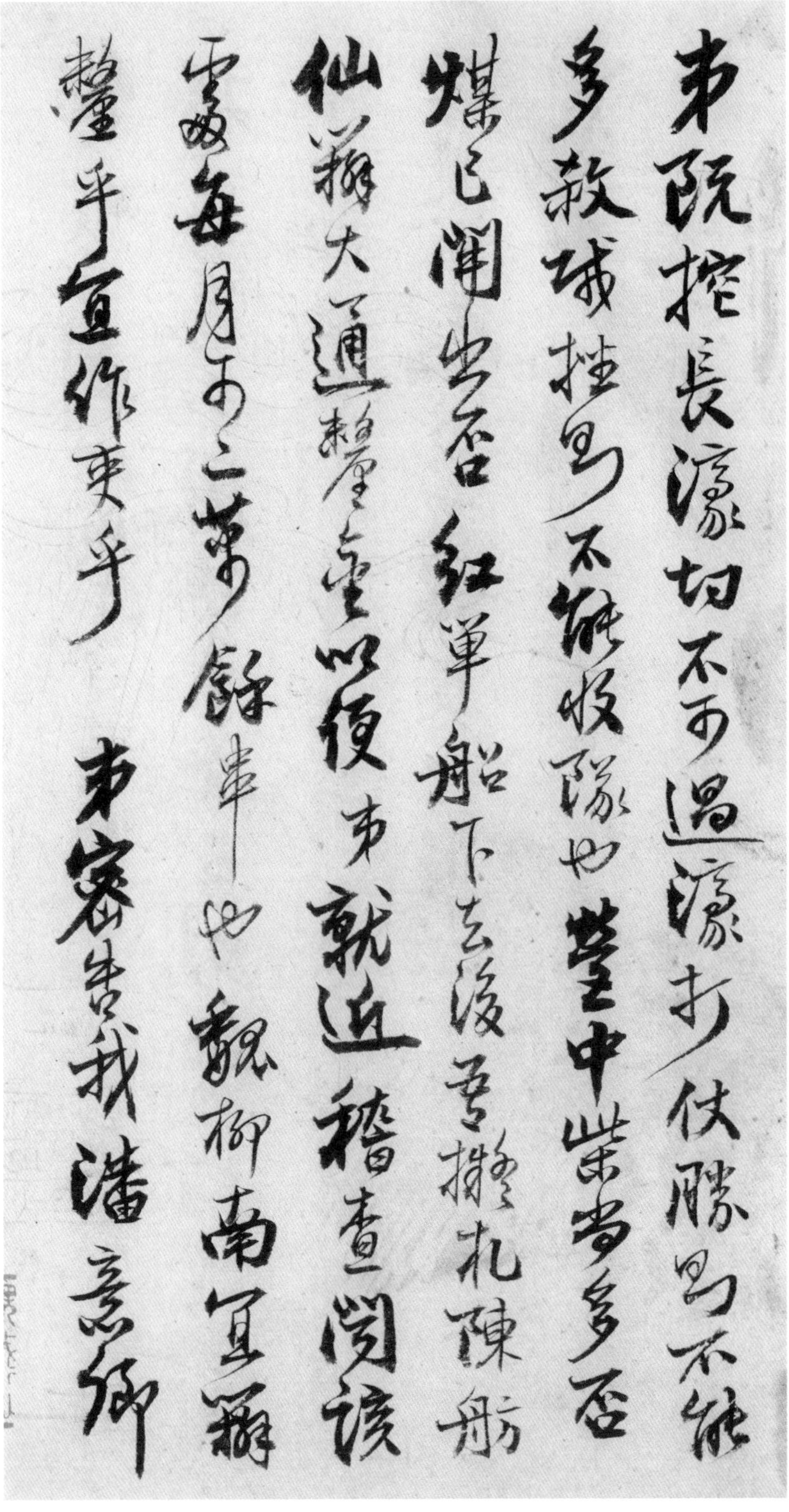

弟既扼長濠，切不可過濠打仗，勝固不能
多殺賊，挫亦不能收隊也。營中柴草多否？
煤已開出否？紅單船下去後，曾撥札陳舫
仙、蕭大通過整壘，以便弟就近稽查閱讀。
雲岩每月可二萬餘串也。飄柳南宜移
壘平，宜作更平乎。　弟密告我潘意卿

何時可到此間需才極急湖南發之請
援之書如麻次青今日到郴門下部
下十四五可到季弟所言之極於患處
營之錯之不姑息也照閱
刻好

國藩手草

八月初七申刻

潤翁老前輩大人閣下：初十接

惠書并另稿，具見

為公之苦心。水師於初六日又獲勝仗，燒燬賊船約千餘

號，彼所謂此殿左宗護、冬官正丞相、秋官副丞相等類，

凡大頭目兇人，其繡龍金冠、紅緞鑲金龍袍之類，皆已

為我所有。但不知其人果即於此次逃去否。搶獲賊船甚多，中

有大樓船二座，華麗比之王府第宅，亦未知果救其鮮

否。目下侍與陳鎮、李道踵繼接應，又添生力之兵。若褚夏

等日內不開仗，稍得休息，以待後幫之至，則尚可望再有

捷音也。塔智亭遲遲到岳，麾下鮮能謀之士，陸路又

似遂於此軍到岳以後務望
台麾飛速來彼會商大局李公訂于十日內外亦來岳城集
自岳州後不欲復客中丞幕下將有還洞之志數月
以來李吳在撫幕於侍處大有裨益甚妙在不著之痕
跡蓋甚見事明而持論公故久而人愈不疑也李公若
不在省城鄙意多不能自達事機恐仍致參差祈
閣下便中勸李公少留會城遇事斡旋則有益於桑
梓者大也書不詳盡即請
台安

侍制曾國藩頓首　初十日辰刻

前處二年及藩道一年均嚴批求送至藩宅為荷

潤芝老前輩大人閣下：接十三日
手書，敬悉一切。侍於十五日巳刻到岳，陳鎮軍即欲前進剿賊，
自詡十八日大吉。侍探得賊舟已退富池下游，勸其無庸出隊，
督學亦勸之，而鎮軍急欲剿賊自効，竟致全營覆沒。其
同去之褚夏二營、李道之半營，亦俱傷其大半。侍用行負神
明，得罪於孟獨屢漏之地，天降酷罰，致不內省悚仄。惟湖南
人心較之此省迴殊，似亦宜保全者，而陳鎮軍及各將士等何辜
同罹浩劫。侍之造孽更深大矣。

來示所以寵譽侍者至厚當大挫之餘得此
摯愛之言感極隕涕特恐終無補於萬一則有負
期望之厚而反為見哂者所快耳然事至艱難侍亦惟俯
首抑心兢兢業業盡晝夜圖維能救一分即有一分之益不敢因
此而稍殊初志也
老前輩之度越侍輩處在知人之明而決褚太守殉難之後
全營渙散侍觀其一切布置所用之人所放之餉乃知其虛
浮已甚不足以謀事侍則材明而材昧季公則先抑而後揚

均蒙見示者

閣下一一始終明決，不少假借也。昨讀

諭旨茶老

簡擢蜀臬，仍留營辦事。侍屢欲疏薦。

台端冀漸柄用以合龍大難，因

伯母年高，遂亦中輟。今復有此擢，

眷倚日隆，

閣下更不宜復計成敗利鈍，而為知幾引避之謀也。至要至要。

侍左。此參其謀者日望
旌麾蒞止，商辦一切。塔塔名將，季公所論亦未得事理之
平。省中人言藉藉，多浮游無根之談，
智者一經察，則知其毫無考據矣。與季公書言湖有理，憂
憤之中得此，不覺大嘆。然亦須得漢武帝紀輩為之，乃利於
公；否則朘民而肥己，而公家依舊蕭然，天將如何也。復請
台安，不盡千一。
侍制曾國藩頓首

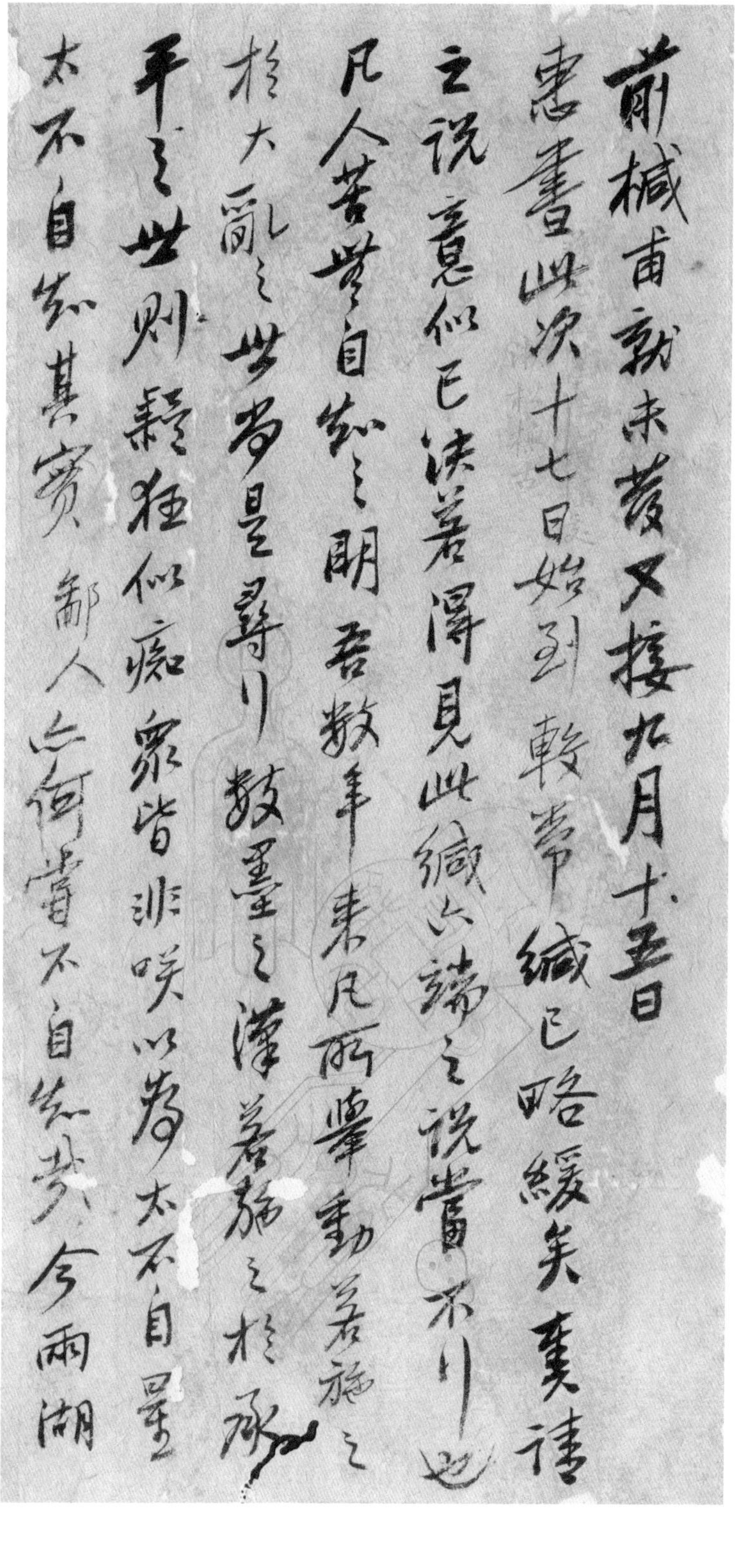
前椷甫就未發又接九月十五日
惠書此次十七日始到較常緘已略緩矣襄請
之說意似已決若得見此緘所論之說當不引也
凡人若無自知之明吾數年來凡所舉動若施之
於大亂之世尚是尋常數量之謙若施之於承
平之世則疑狂似痴衆皆非笑以為太不自量
太不自知其實鄙人亦何嘗不自知其今兩湖

粗定江西亦有轉機賊勢漸衰一切尤當遵依
承示之法　國藩前以奪情而出今以守制而復來
苟不甚悖謬若再著蛇足甚可譏笑恐不止於是
幸
垂三思減漕之事非趁此時則更不能辦望委曲
而終成之　手此再頌
台安不一

名心印　十月初二日

潤之宮保老前輩大人閣下：十九酉刻得十八日午刻得十七夜書

書并希公函，敬承兩示。湘中接三十、初一日要咨

諭旨，均不令蕭公來鄂，

聖意以石逆入蜀爲重，不得不倚重蕭軍。此間十五夜

去一調札，又不詳言所派朱唐等十營六千人（昨誤書五千五百人）於（此一調實係舍己從人，愧服）

二十日起行，廿一日由孟太湖松子關。之營可不撥

侍
金春田所帶之軍可以救應天兵甚妙之之
所恃者以天兵為第一鮑軍第二朱唐等
六千人又次之續領第三也天兵得援應之師
蓋籌極周敬以為佩即請
台安　國藩頓首　十二月十九戌刻　第九十八號
左公入京閣郭意城入樞幕足下所聞否乞示

潤之宮保老前輩大人新喜。數日未接
來示，懸盼之至。敝處派二千六百人續進太
湖，喻吉三募之千六百人於除日拔行，平江營
千人元日拔行，不知蕭渠於初二日可進小池
驛否。鮑超各營被賊圍困大營已逼近三
日，其左營則被圍五日矣。多公相距二十餘

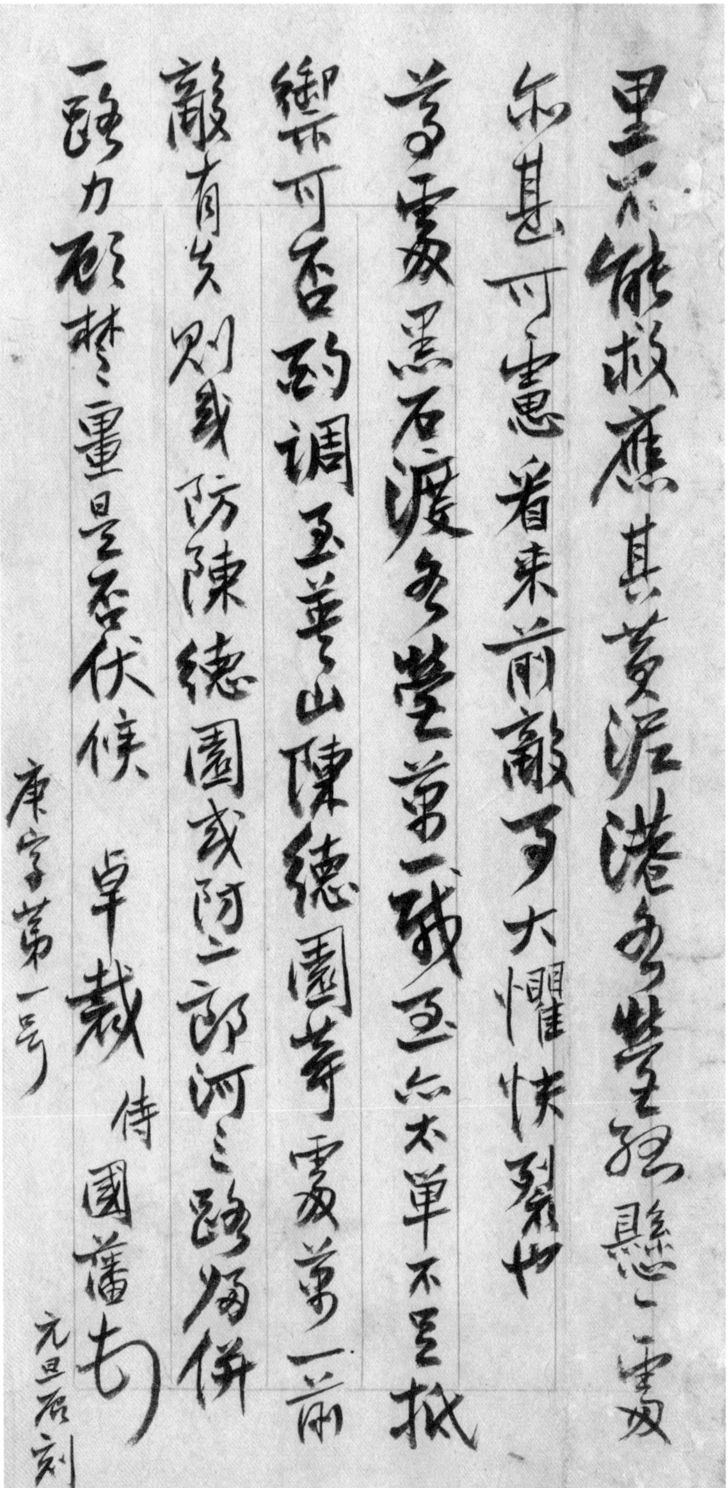

里不能救應其黄泥港多壘孤懸一處亦甚可慮看來前敵了大懼怯裂也萬雲處黑石渡多壘第一哉至亦太單不足抵禦可否飭調至華山陳德園等雲處萬一前敵有失則我防陳德園或阿二郎河之路爲併一路力顧林壘是否伏候卓裁侍國藩頓首

庚字第一号

元旦辰刻

潤之宮保前輩大人閣下：十一日戌正接初十
亥刻
手示。侍
前緘商蔣之純欲抽太湖隊伍千六百人
赴前敵，寄住蔣營與戰。蔣福九復信以為不便，方
深焦灼。須得糧台解到帳棚二百架，擬即送太
湖，令其札於蔣營附近，令太湖抽隊伍二千

輪班去打行仗已札行營趙朱無能尚須六七
日侍此策或可略早看來大局或可支
持今日信息漸好一金陵驛馬橫嶺與侍昨
函相合十二可開仗一精選右營中營札泗駐
霆營糧臺已通一淩阿李千一千百人已札羅溪
河即

以所需之盐路白馬嵓嶺　三可粗資差強

人意，只要金余部、二穩仗，則大局好些。此

復，敬請

台安　侍國藩頓　十一夜亥初第十三號

尊處之營斷不可再撥出。趙朱留　以左右亦好。

從井救人，亦須救得有益。此亦非一二營所可為力也。

每正奏緘間又接館信，甚急，抄呈。　趙朱竟須赴館處耳。

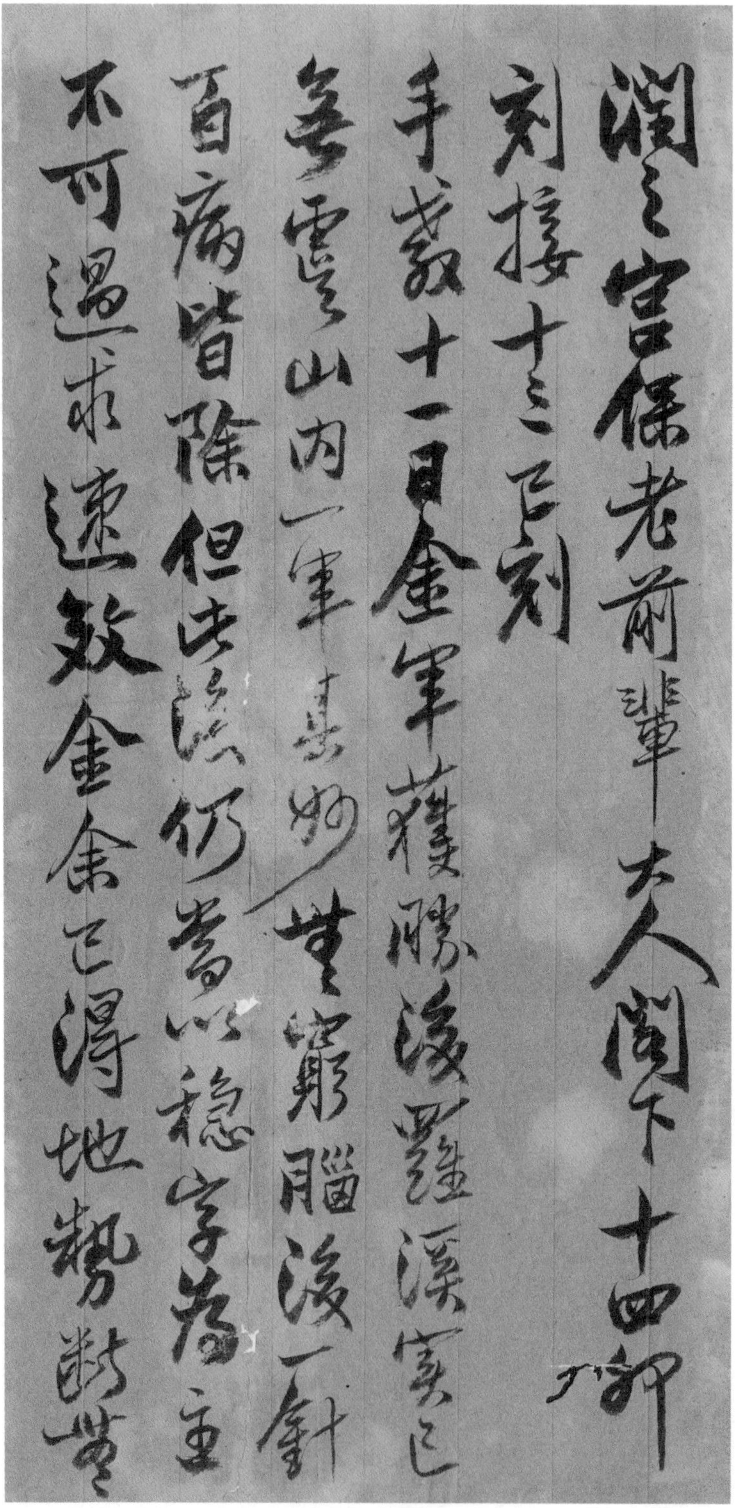
潤之宫保老前輩大人閣下：十四日卯刻接十三巳刻手教，十一日金軍獲勝後，雖溪寨已無雲山內一軍甚妙，其實腦後一針百病皆除，但此後仍當以穩字為主，不可過求速效，金余已得地勢，斷無

不破賊之理，弟不可疏耳。趙朱仍請札太湖，俾朱品隆亦得以收心，久駐新倉，無打行仗。再請台安。

國藩頓首

廿四日巳刻

第十七號

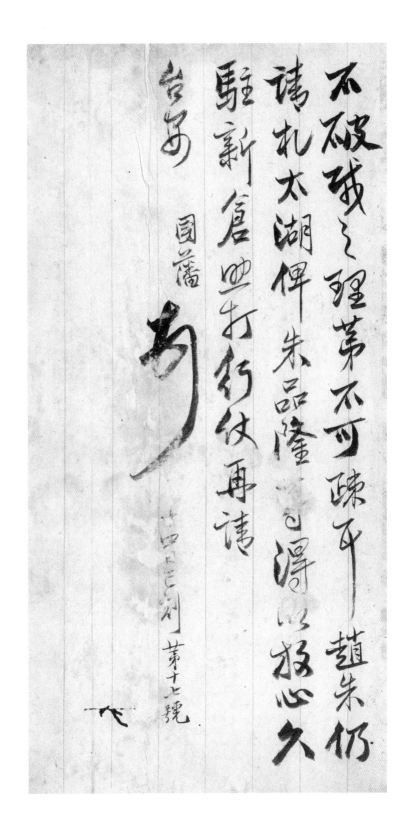

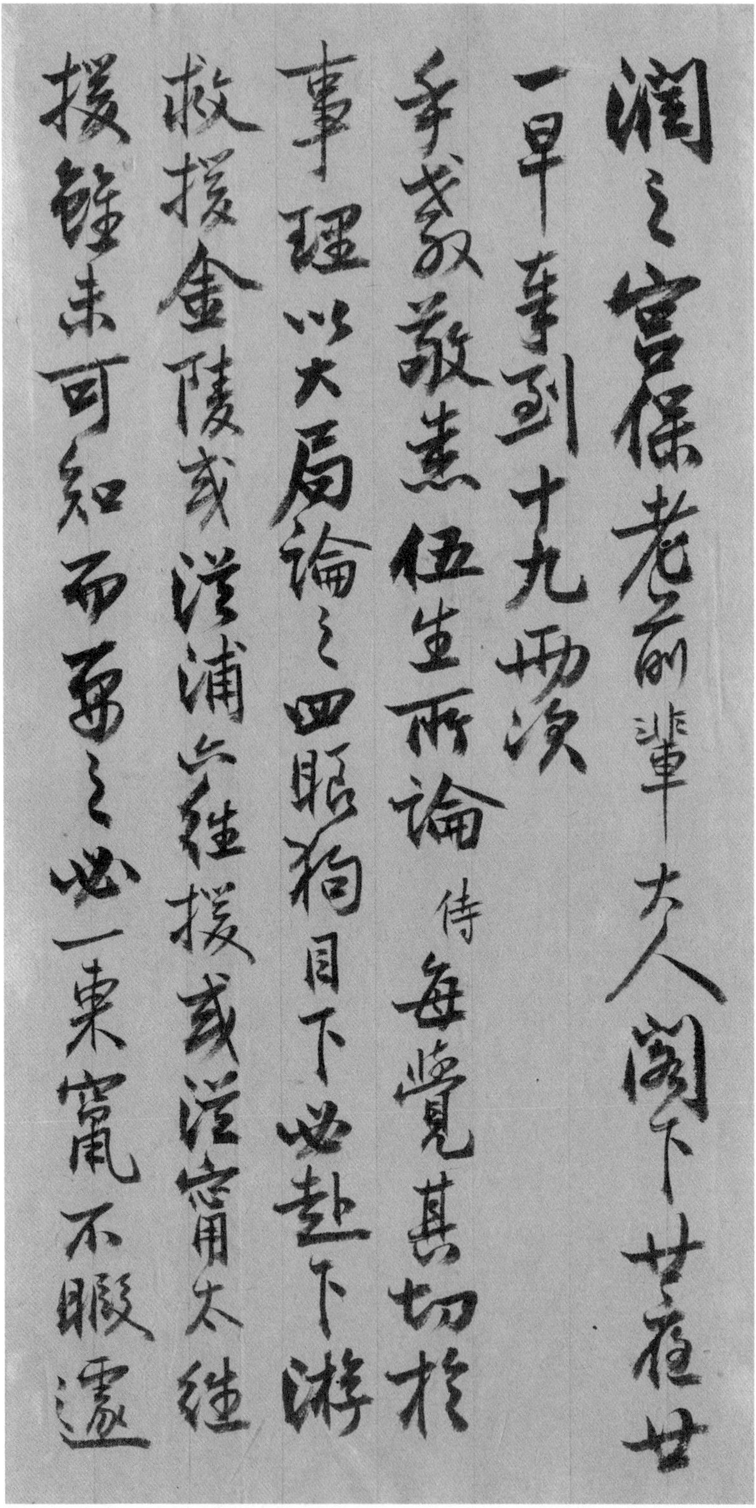
潤之宮保老前輩大人閣下廿七夜
一早奉到十九兩次
手書敬悉伍生所論侍每覺其切於
事理以大局論之四眼狗目下必赴下游
救援金陵或從浦六繼援或從甯太繼
援餘未可知而要之必一東竄不暇還

耗費兵素，卻乃在得手之際，擒逆亦未必舍其老巢而謀南犯。拙見如此，未敢自言也。姪賢人擇焉。第二路進兵，匡札行否？多豐保章想已定。一數目下單出，祈撫示。潘鐸鏞是四梅煥就之子，彩按嘗是其弟，鐸鏞原名彩

鏞也。陳作梅十八日自宿松起行，三月下
旬可至金間。
萬寄淮安信，遂三月初六敬覆也。即問
台安。　侍國藩頓首
廿日辰正第六十号

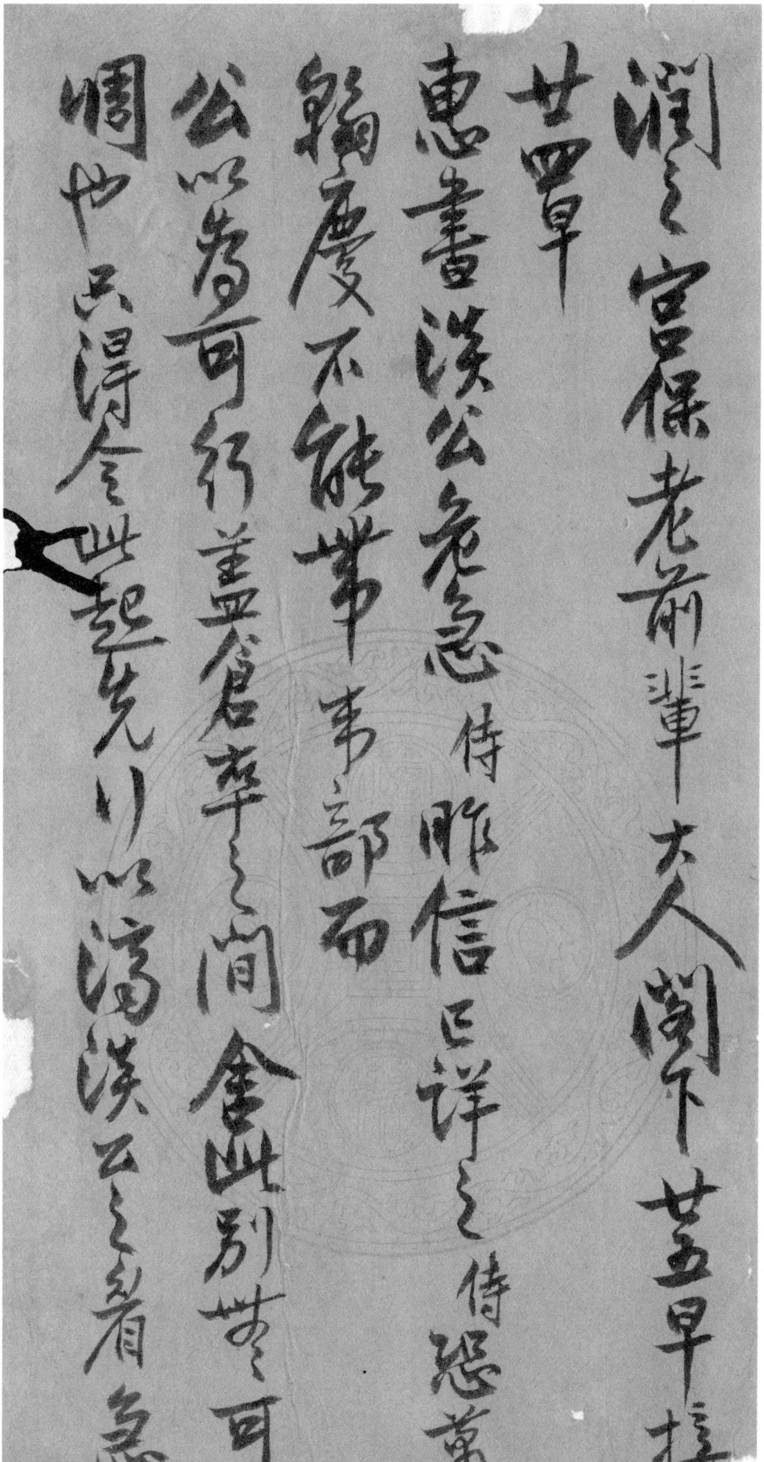
潤之宮保老前輩大人閣下：廿五早接
廿四草
惠書，滌公危急，侍昨信已詳之。侍恐萬
翰麾不能帶吏部兩
公以為可行。蓋倉卒之間，舍此別無可
調也，只得令此起先行，以濟滌公之着急

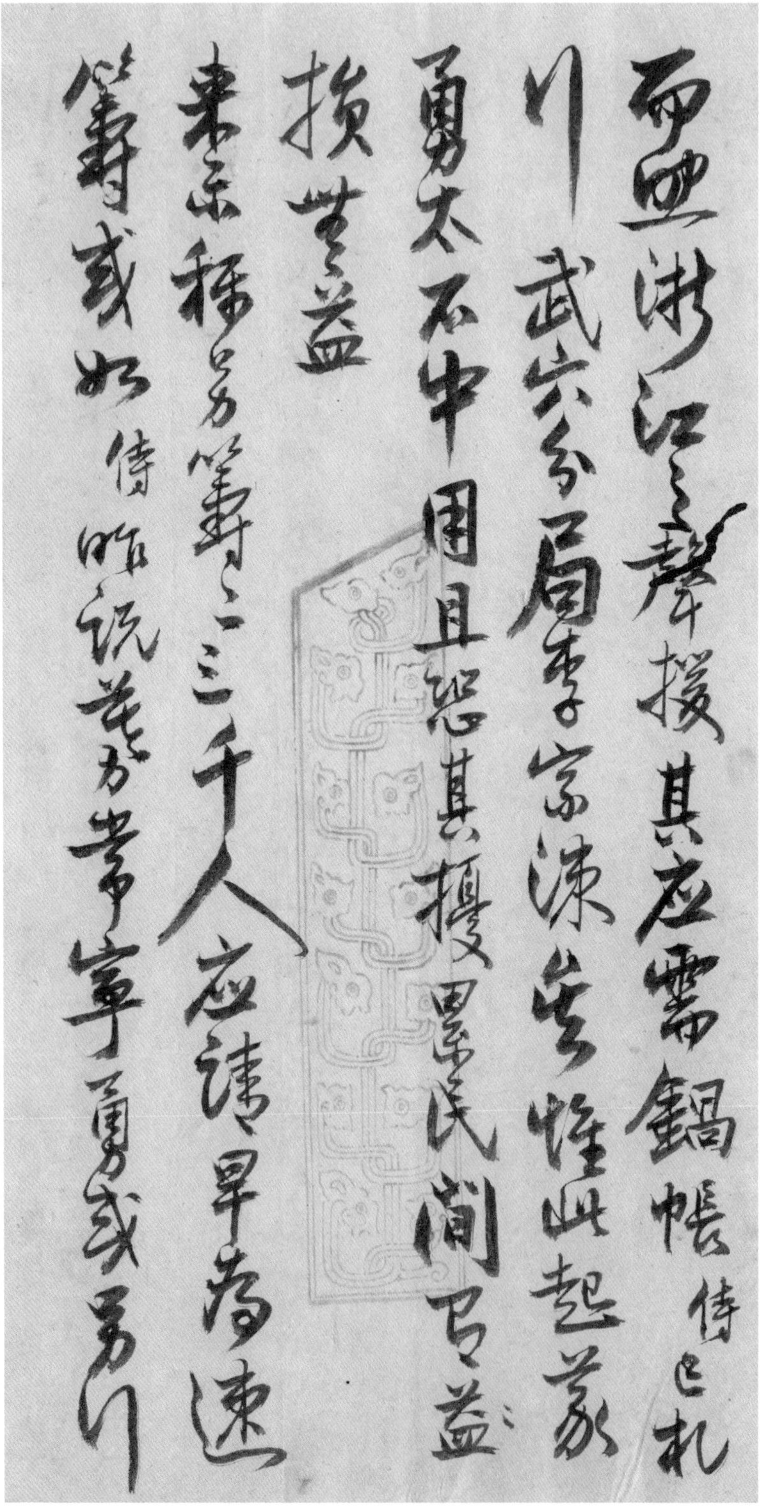

西路湘江之聲援，其應需餉帳，侍已札行武穴分局李宗濂等遵照趕辦。勇太不中用，且恐其擾累民間，只益損無益。來示稱另籌二三千人，應請早為速籌，或如侍昨說，派常寧勇或另行

各营片必稍腾挪于事 部岁乃不尽出

一援皖南芜城浙西苏二城江北芜湖

江浦频须邵府

公山吾守生书尚耶救麦摊挪行仗七些

每百保十四人團太多些每百保半之旦启

免尚求 须渡而尚

國藩

第二十四号 二月廿五

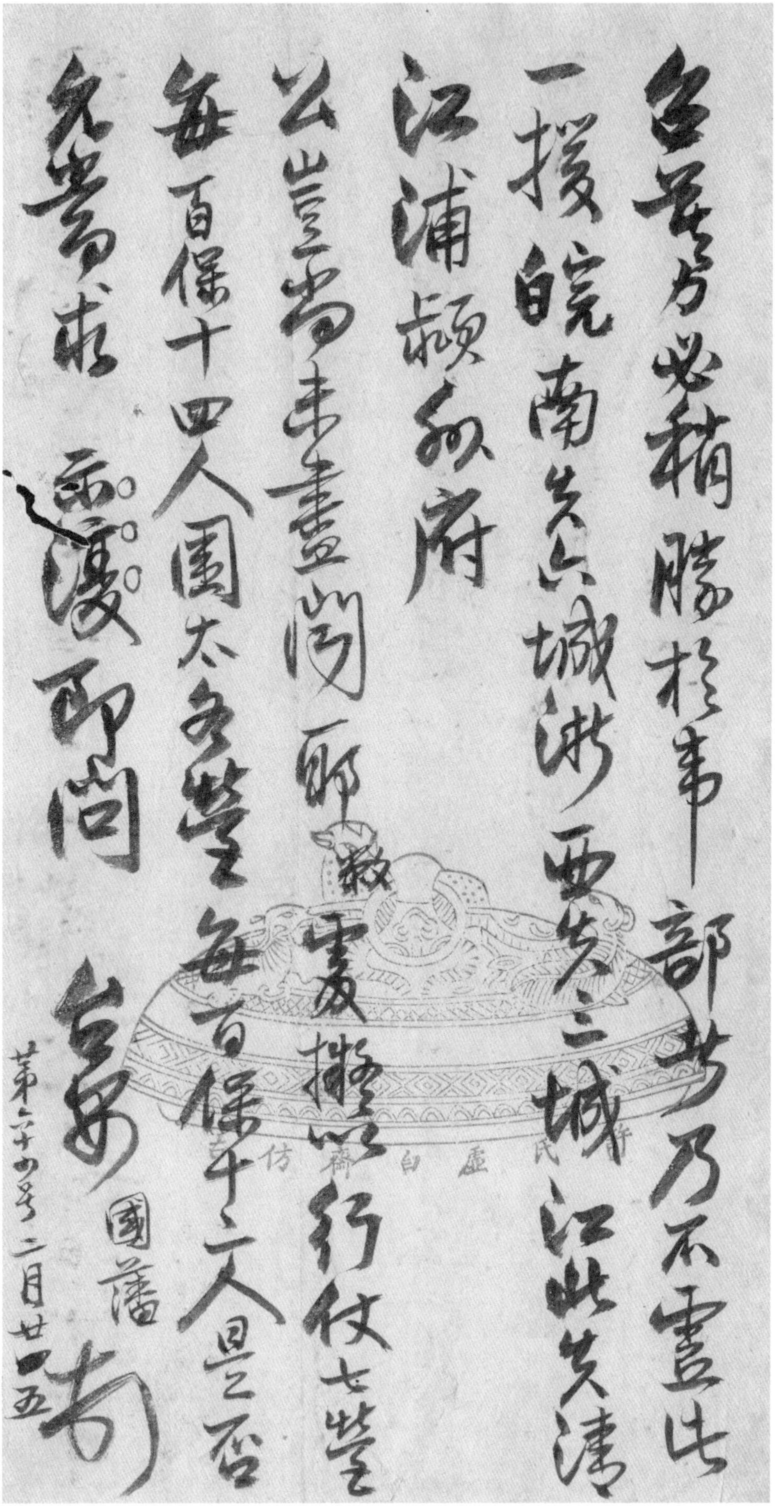

潤之宫保老前輩大人閣下：地圖一紙呈
上，雖不甚確，
亦閱之可得南岸之大概。今日得報，南路之城
已破，德興無恙，去婺源甚近，左軍不能不
赴婺援應。鮑公實欲私患之說，敬雲畹斬豐不行
之。餘容續布，即候
台安。國藩頓首
十月廿六日

咸豐十年十二月初二日到
第二百十八號

潤之宮保老前輩大人閣下：接
惠書，抄示稟、覲竊料擬及余抄一緘，具
悉一一。鮑軍於廿八日至景德鎮，因雨雪連
日尚未進兵，初四日始過河。頃抄左帥
一緘呈
閱。偽忠王之至黟、源，本意合撲
景鎮以竄江西，今忽東華埠繞出，又不
竄入浙境，或其應四眼狗之求救援江北乎？
順問
台安。國藩 頓首
十二月初六日午刻
第二百廿七號

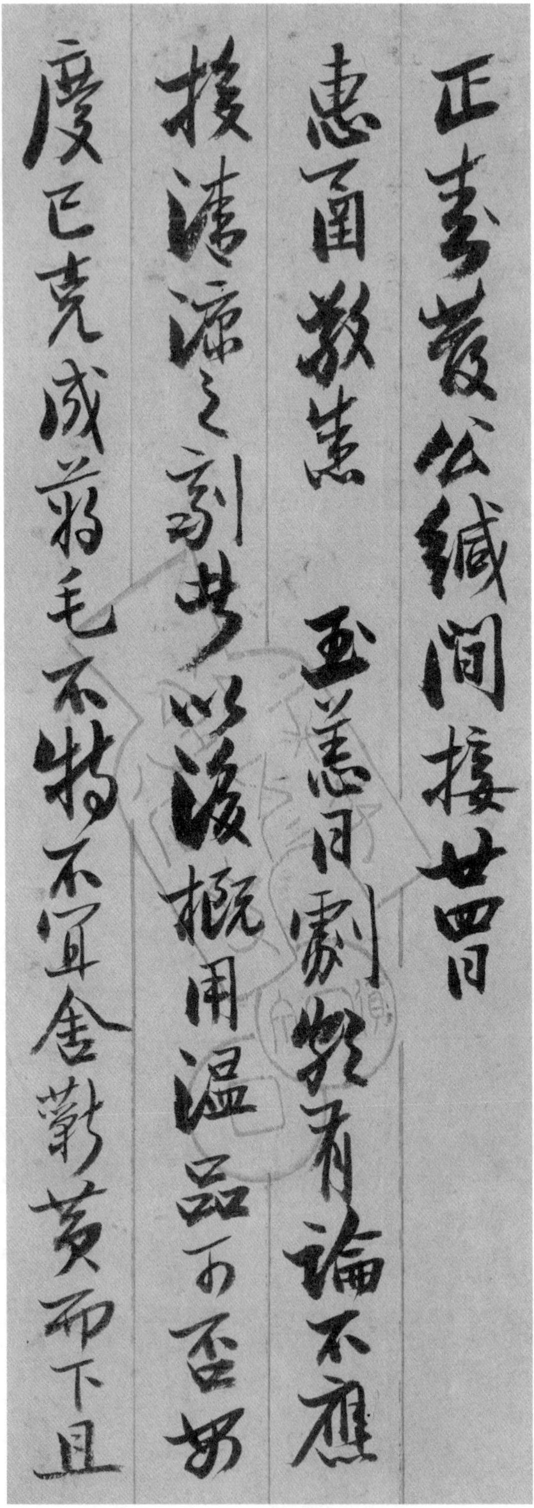

正書發公緘間接廿四日
惠函敬悉　丕慈日劇幾有論不應
接濟源之劑出以後概用溫品而否好
慶臣竟成翁將毛不將不宜食葷而下且

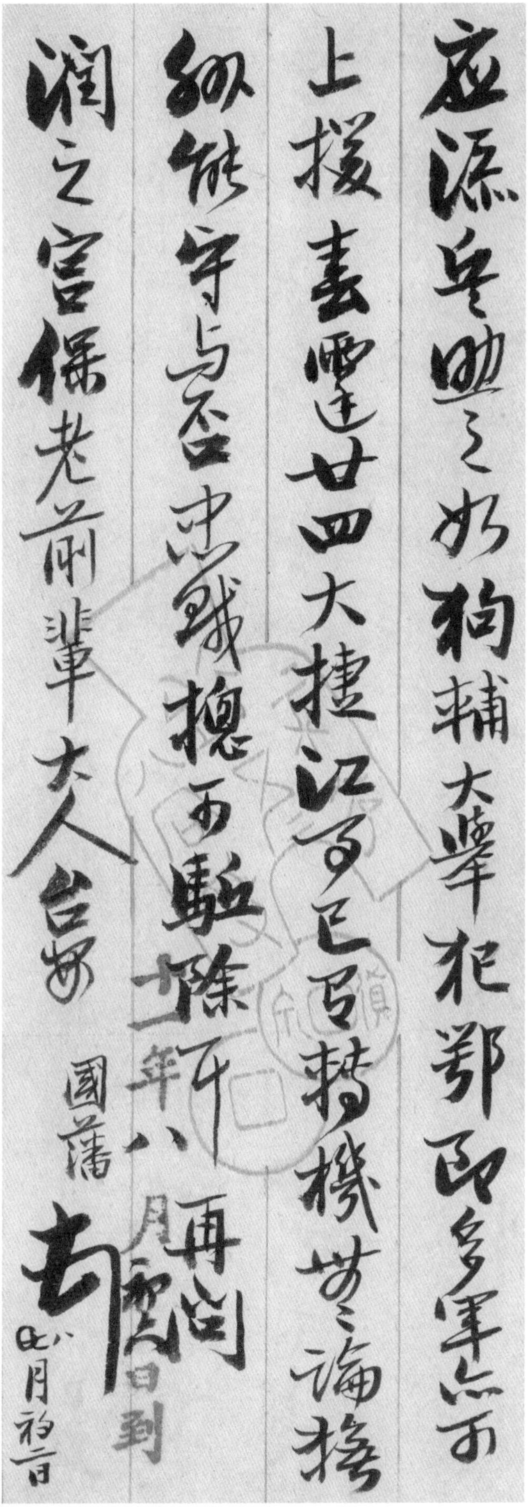

庭源是幽之好，狗輔大舉犯鄂，即多軍亦不上援。奏遷廿四大捷，江夏已有轉機，其論撥縱能守與否，忠誠總可驗。餘不一一，再問

潤之宮保老前輩大人台安

國藩頓首 八月初三日

十一年八月初八日到

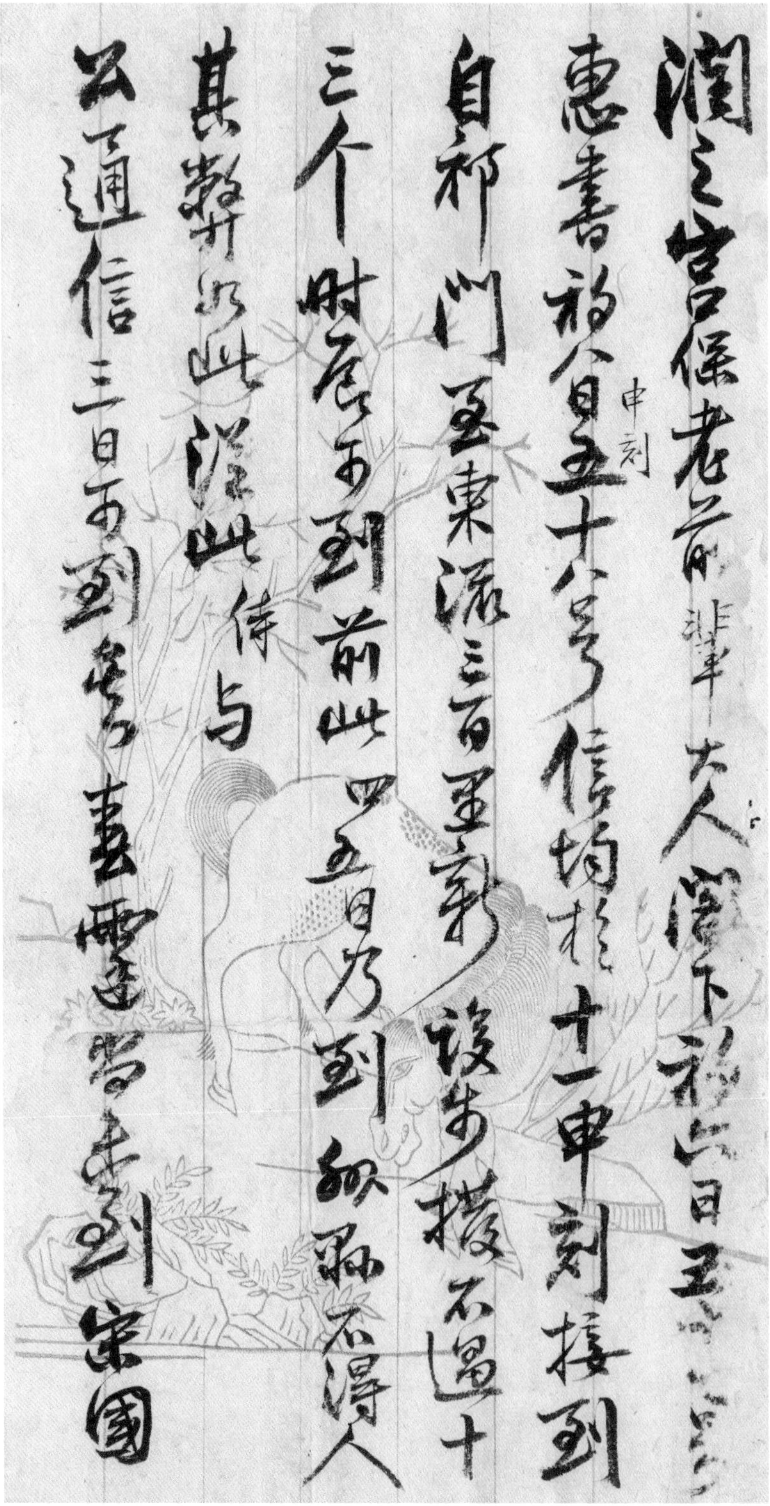

潤之宫保老前輩大人閣下：初七日五更
惠書、初八日申刻五十八号信均於十一申刻接到。
自祁門至東流三百里，設步撥不過十
三個時辰可到，前此四五日乃到，總緣不得人
其弊。故此次派此條与
公通信，三日可到。某號專函當可到。宗國

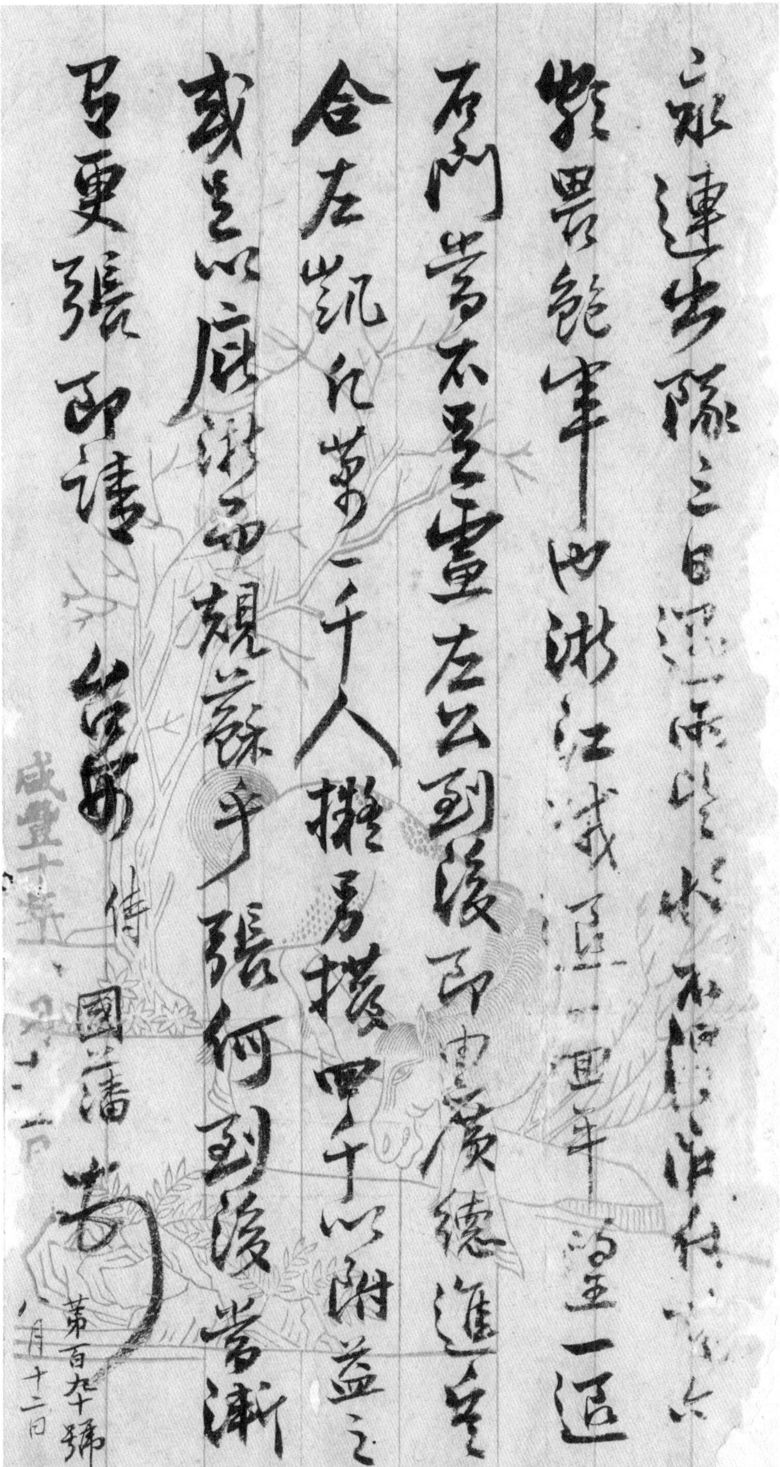

之水陸步隊之自江西來者，水[illegible]由[illegible]亦數器能牢也。浙江誠可慮，一兩年內望一道原門當不甚重。左公到後，即由廣德進兵，合左、凱、瓦等之千人，撥勇援四千以附益之，或是以底浙而規蘇。于張何到後當漸可更張。即請台安。侍國藩頓首

八月十二日 第百九十號

咸豐十年八月十二日

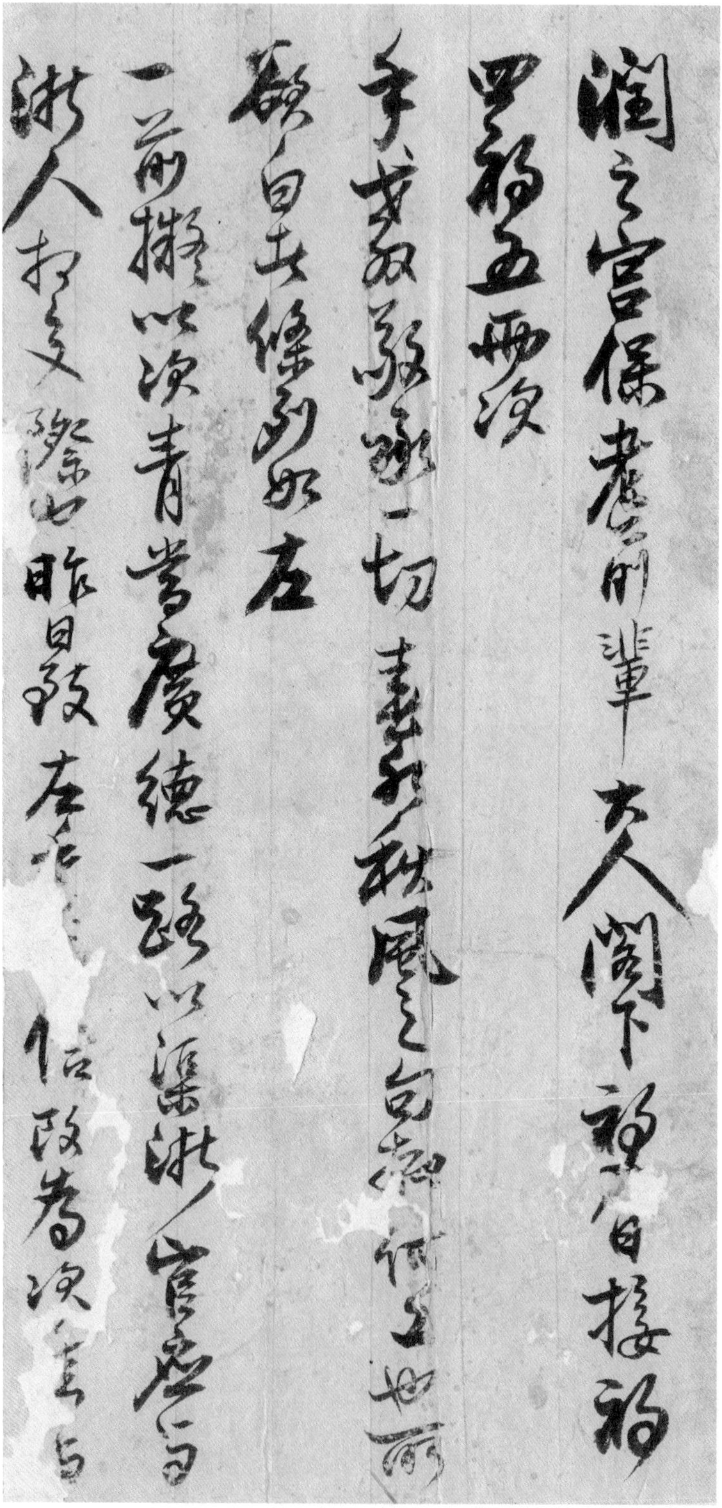
潤之宮保老前輩大人閣下：頃日接初
四、初五兩次
手書，敬悉一切。素手秋風之句，竟無作者也耶
敬白去條列如左
一、前擬以湘次青當廣德一路，以援湖，宣處尚
湘人抄文繁也。昨日致左右，
仍改為湘人去

致胡林翼 十四

春霆同攻池州一路，茲將原信抄呈一覽。蘇賊在得小浦信息，廣德州於四日失守（抄信附呈），皖南之糜爛，實屬萬分棘手。擬奏請次青實授皖南道一缺（郭志[illegible]遺缺），地方事宜，次青了之；軍務要件，季公酌之。州縣擇人，季、次商之，公與侍與梅皆可商之。其分兵之路，仍俟侍與季信中之規畫，再祈指示。

一 諭旨令侍與薛保人為江蘇方伯侍
奏從中寬之林之筆所謂我敢然後出也
擬以寶豐同年以之洪劉章而皖北此人（旨令保兩江屬內之司道）
多艱取難以抵騶如意求 承及
一 揚州陸營總須募淮徐之勇用楚軍營
制營規訓練半年庶可漸用少荃此去侍
已囑其以[illegible]募陸勇二千人自為護衛[illegible]

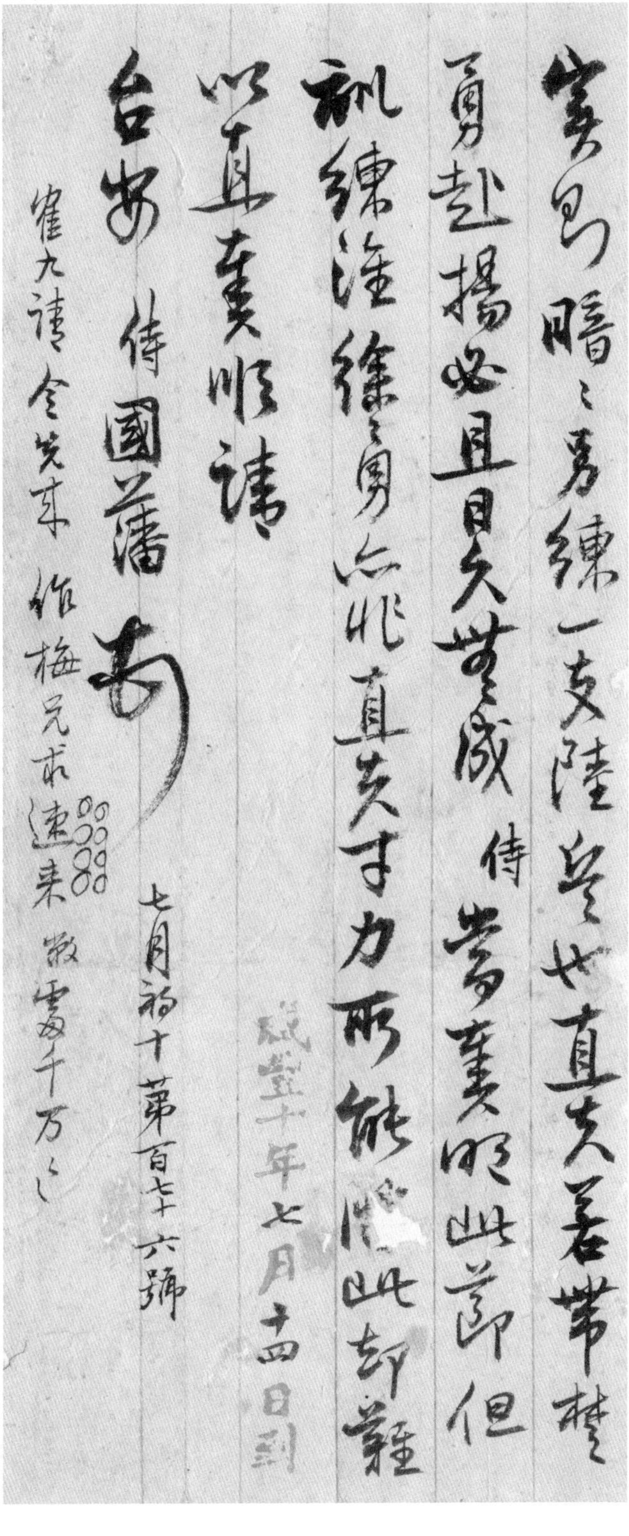

實為暗〻募練一支陸兵也直是善策樸勇赴揚必且日久無成 侍嘗莫明此節但訓練淮徐練〻勇亦非直是才力所能況此邦難以集事順請
台安 侍國藩頓
七月初十第百七十六號
咸豐十年七月十四日到
雀九請 令弟來 維梅兄求速來 敬需千万〻

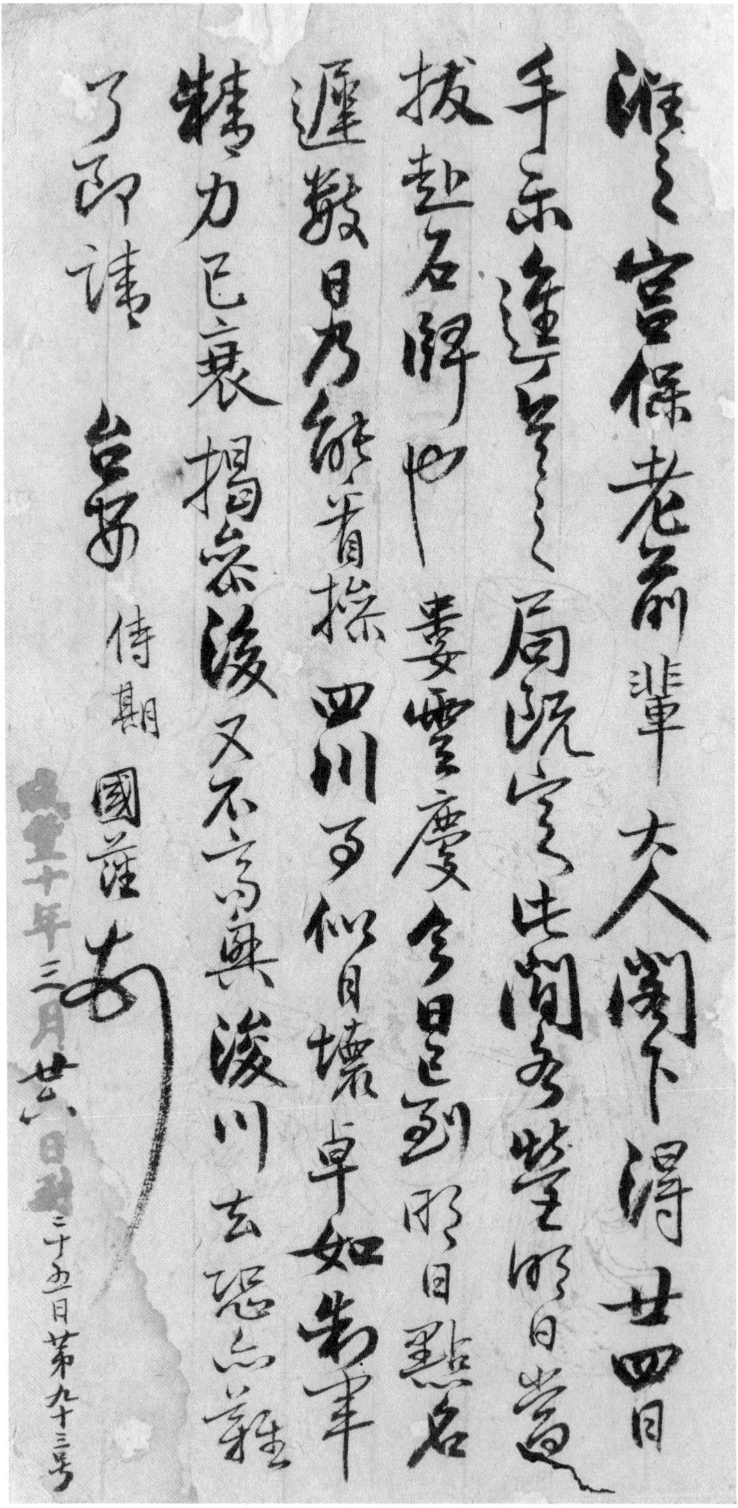
潤之宮保老前輩大人閣下：得廿四日
手示，敬悉一一。局既定，此間分營明日出道
拔赴名將也。婁雲慶今日已到，明日點名，
遲數日乃能看操。四川事似自壞，卓如常軍
精力已衰，揭營後又不高興，後川去恐亦難
了。即請
台安。侍期國藩頓首
咸豐十年三月廿六日到
二十五日第九十三號

正封函間，接李十六日酉刻
手示，知
玉體大愈，至慰至幸。得舍弟廿四辰刻信，
狗逆餘在中段九營，而我軍亦尚能穩守。此
間朱雲巖五百人於廿四日起行，計廿九、卅日可至安慶

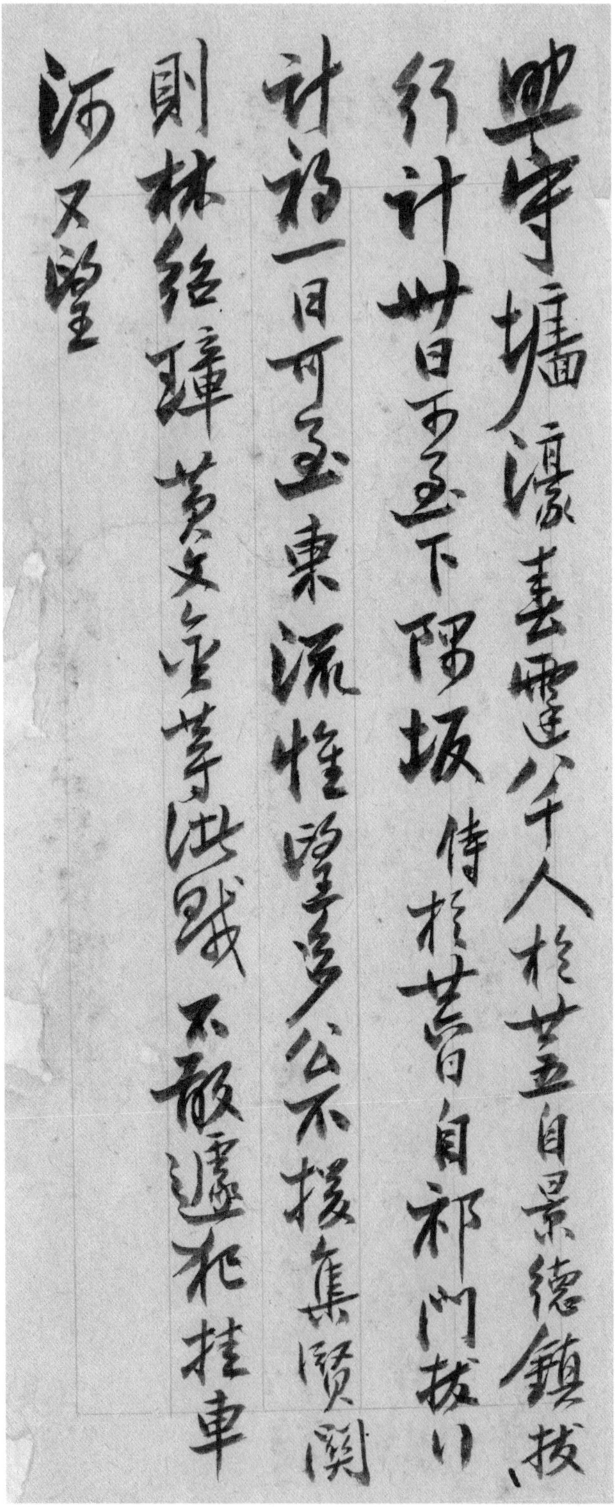

專守墉濠，春霆八千人於廿五自景德鎮拔行，計廿日可達下隅坂。侍於廿四自祁門拔行，計程一日可至東流。惟望多公不援集賢關，則林紹璋、黃文金等洪賊不敢遽犯桂車河。又望

閣下不分兵援集賢關，則潛太等處必兼顧失專；以援懷桐之希霆兩軍，則必兼游移而事不把握。左帥此次破侍逆十餘万衆，厥功甚偉。來函附寄一閱，再繳。

潤之宫保老前輩大人台安

國藩頓首

三月廿六夜

歷口

致胡林翼 十六

潤之宫保老前輩大人閣下日來接
惠書不絕
玉體大康復至慰以為係此間洋塘之賊
已退黃老虎並未大受懲創不知何以見
幾而作善刀而藏如此其速本日接左公信
及敝處復信抄呈
尊覽是否可當尚希
指示十六日漁亭官軍進剿上溪口獲一

雲藍閣製

勝仗殺賊數百去年侍初來祁門軍威
頗盛於是言蔣瑞出競進至邑謂歲星臨
祁門出至徽寧并臨建德鄱陽浮梁送失於
是言實之蒙出逢起謂祁門不可以一郡居須得歷
口洋塘出溪口三次勝仗説出謂蔣瑞仍臻歲星仍
臨侍 口占一絕云天上歲星也起雲梅棹頭一去不堪來
忽聞打破上溪又向祁門走一回附告我
公以博一粲即請 台安 國藩 頓首

第六號 十七日申刻

雲藍閣製

潤之宮保老前輩大人閣下初四夜亥正接初三日
手緘初五早接二緘一條抄多云除夕之緘見寄
一條因蔣云廿九日戌時之緘將山勢地圖略
論其攻之難
手緘內所稱舍弟不必調赴太湖且待希庵
沅甫到後再議云云侍初二日已將

尊意謹屬 舍弟初五早又專緘堅屬其不
赴太湖矣亟趙朱二營來宿護衛侍昨信
已詳今
來示殷殷只得謹遵
盛意即飭趙朱來松再說金余內外會攻之
說實不易易 記得塔羅破半壁山時楊彭
二

雪琴在吳城時約厚庵同攻湖口，而厚庵約不能如期

札飭魚台東距陸營僅四十餘里，三日不能通

一信，出賊之多且悍，又遠過集曰綱輩也。

鄙意金余之師請

閣下囑其擇要駐扎，一出水吼嶺，賊必設法

尋金余開仗，金余堅壁，果立於不敗之地，

則山外各軍自得可以破賊之理。以余金為堅

三

一

主營壘致賊而不致於賊之師以唐邑
爲幫鮑蔣硏老營附抑後之師以多鮑蔣
三軍爲進剿之師三者各有專職各足自立
不必約期會戰如彼此開仗恰值同日則天緣
湊泊幸也若不值同日亦自無礙不約期則
各逆各程自進自止萬無牽掣約期則

四

係靠我々靠你彼此牽制反恐誤事　國藩擬以
此意商之唐義渠云
閣下若以為然則請告之　金余總以自立不敗為
主不可靠此外之援應也此復即頌
台安　國藩[illegible]謹啟
初五日巳正　第四號

五

潤之宫保老前輩大人閣下：得廿七日申刻手示，知尚未閱廿六日之大捷。此間得寧多公於廿六夜四更，馬隊追賊至潛山，殺賊二千餘。潛山之克復與否，尚未知也。多公精力過人，怒馬陷陳，所向辟易，與鮑鎮可稱雙絶。

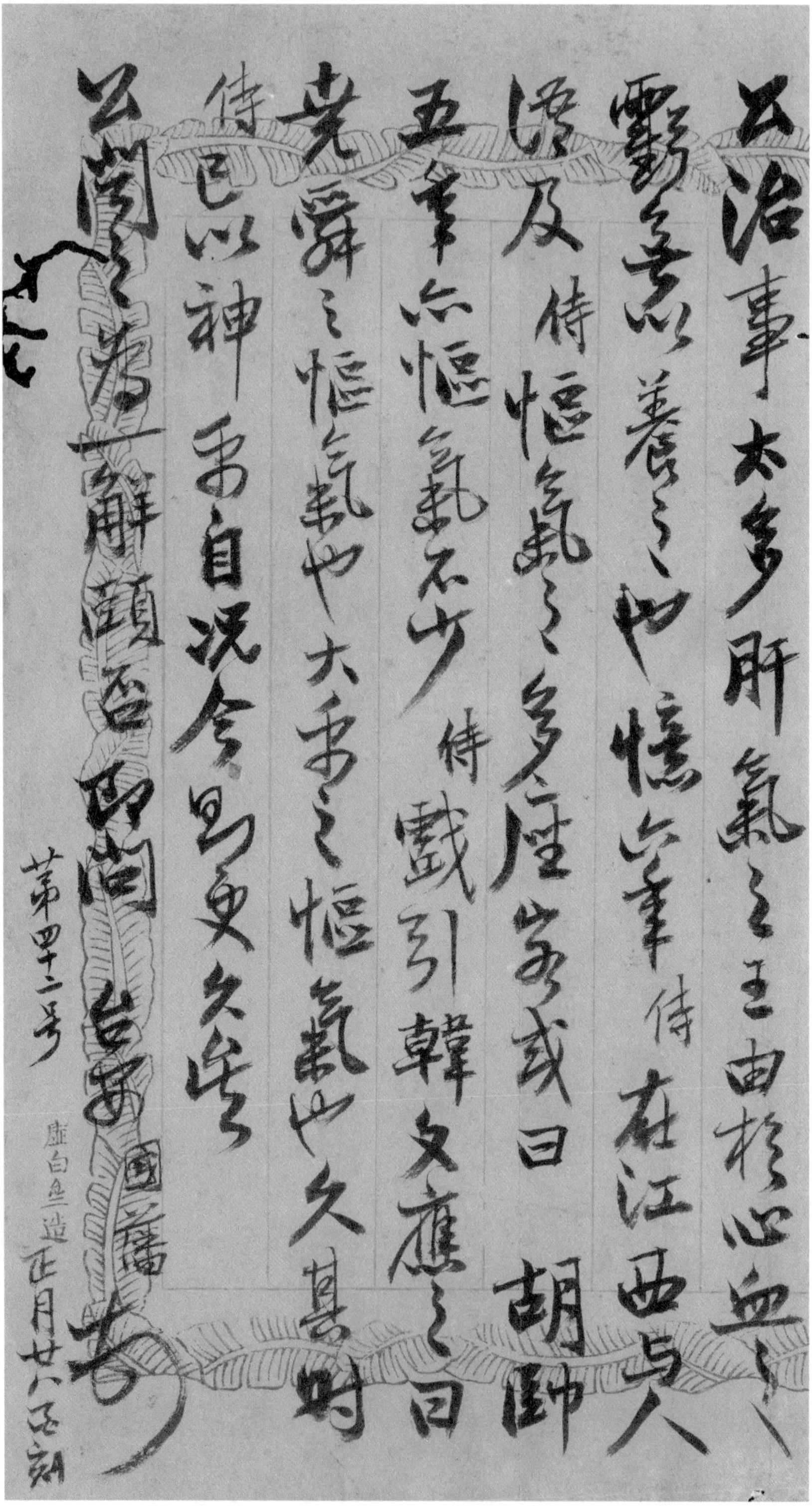

公治事太多，肝氣之王由於心血之虧，虧宜以養之也。憶昔年侍在江西與人語及侍慪氣之多，屋家或曰胡帥五年亦慪氣不少。侍戲引韓文應之曰：堯舜之慪氣也大，禹之慪氣也久。其時侍且以神禹自況，今日更久矣。公聞之為一解頤否？即問台安。國藩頓首

第四十二號

正月廿八巳刻

虛白齋造

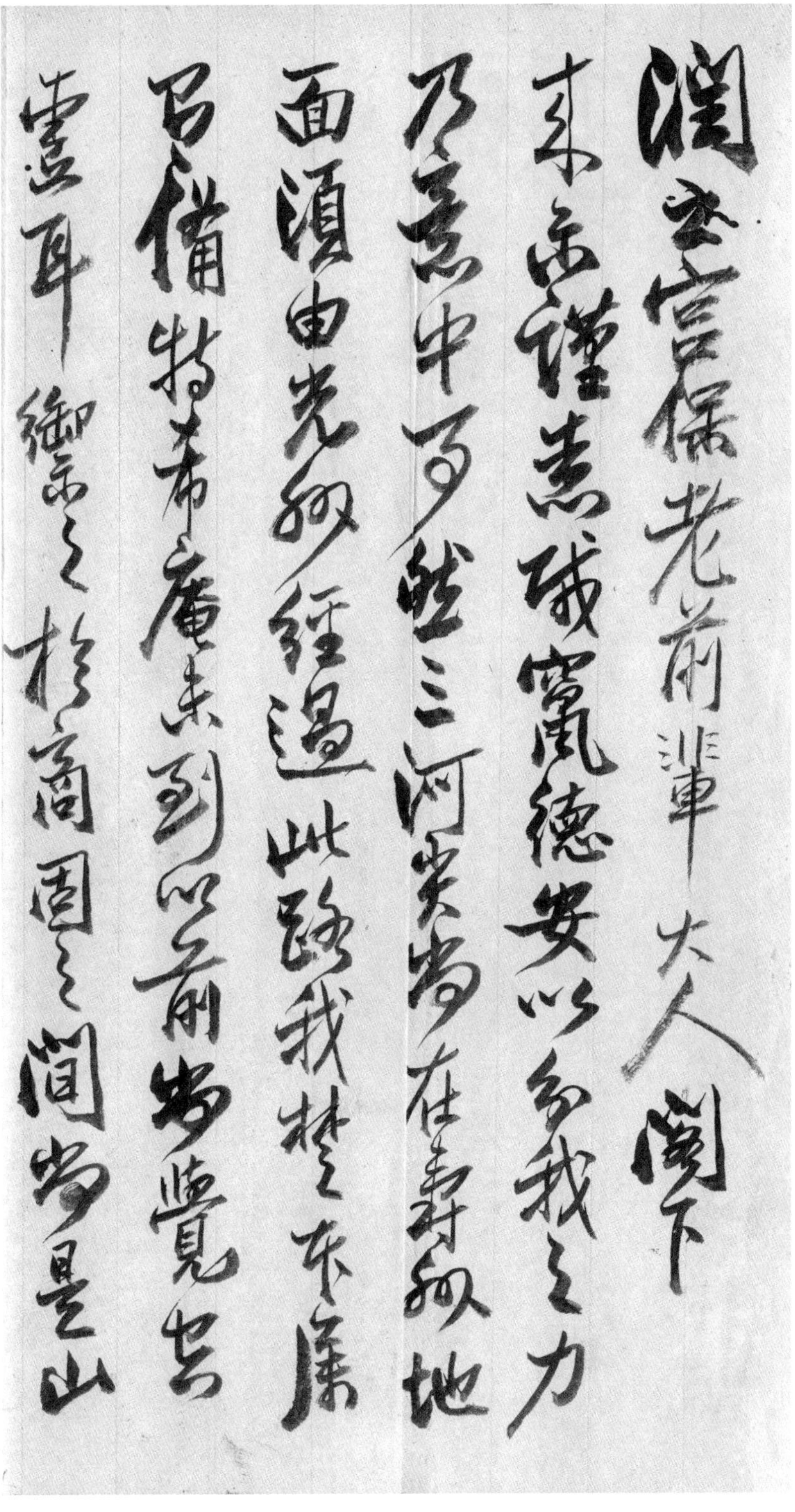
潤芝宮保老前輩大人閣下
來函謹悉戡亂德安以多我之力
乃意中可多然三河尖當在壽州地
面須由光州經過此路我楚之衣襟
已備特希廣東到以前當覽也
盡耳御之於商固之間當是山

多以希之步隊輔以舒之馬隊必
可得手若出山以後果是平原
曠野則舒公馬隊嫌其少能
德安襄陽二府似須講求城守而
宜豫須張逆縱未必遽來或將來要
捻縱橫此二府實最為可虞西丹被

河南裁去若周之之非宜卻恐誤
事。其馬二千匹似可嫁寄筱令繞
越來鄂，借馬在豫，如不能戰來鄂
則可操之。舍弟亦不宜有總統之
名，并求不存此意，且打五仗後再
看。敬請
台安。
侍國藩頓首
十月廿日 第七十四號

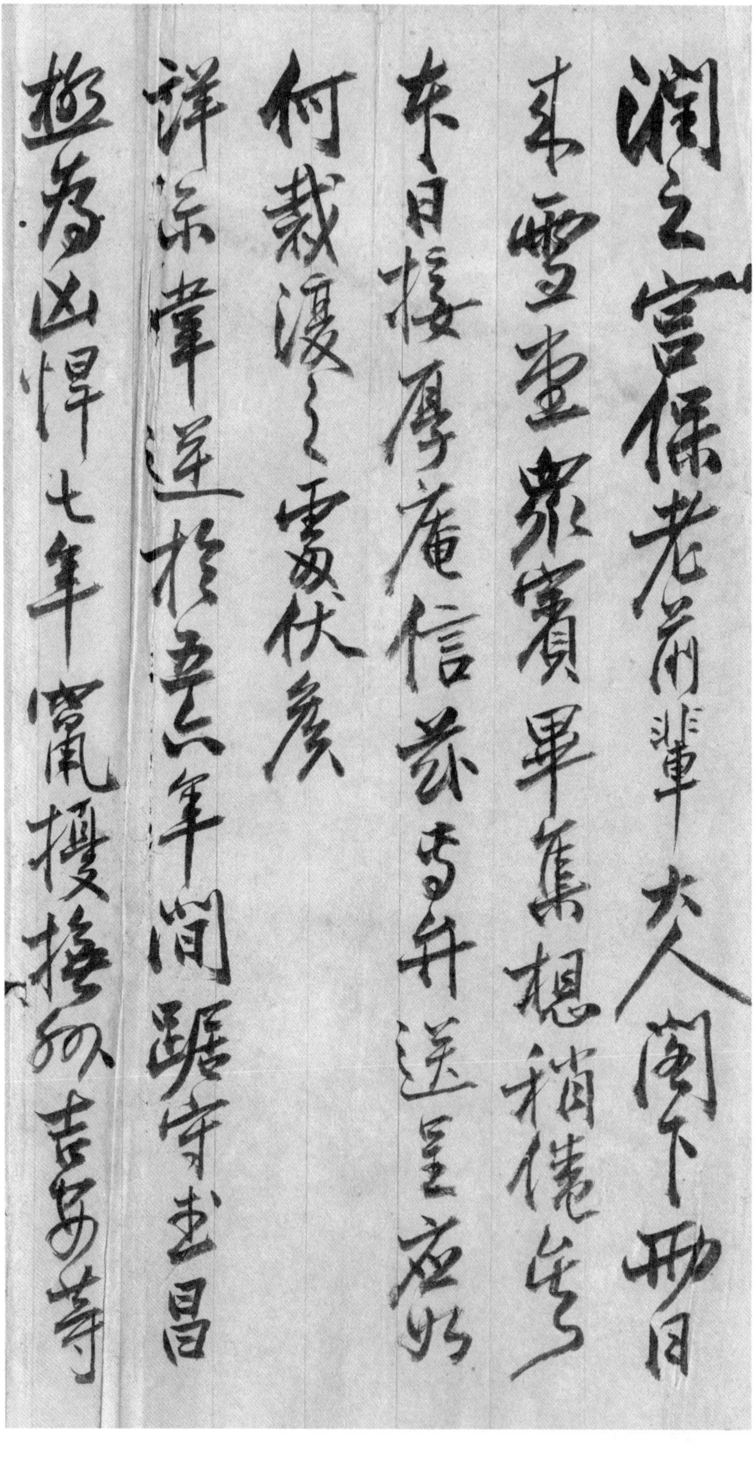
潤之宮保老前輩大人閣下：廿日
來雪壹衆賓畢集想稍倦矣
來日接厚庵信茲專弁送呈應如
何裁復之處伏候
詳示韋逆於六年間踞守武昌
極為凶悍七年竄擾撫建吉安等

處亦甚可惡韋家被洪逆殺害而在三年以前今之投誠非果報家仇也實以池州地窮而濟人多無所得食且東有華湖之賊西有建德楊黨北有安慶陳黨皆與韋逆為仇万分窮蹙故投誠而託詞於家仇鄙意第一須問明該逆麾下實數若干

弟三須問明接誠後何處得食，或
仍踞池州，派索百姓，或向厚庵請領
餉米。弟三須令獨力專主一功，不必
約会水師同往立功。弟四須取親
丁爲首。賞罰是否有當，務望
詳告裁示，順問
台安。諸維
心鑒。　侍國藩頓首

十月八日

潤之宮保老前輩大人閣下：昔接

惠書，知得張帥處佳捷，服之至，致函以爲

慰。廿八日得

惠書，調多軍上援賊，商下游城守之

事。侍於初七日到安慶，即令舍弟國荃商多

公由安慶援兵往守桐城，以便多部全數上

勦狗、輔諸賊。旋接多公函覆，謂渠之輜重

米糧子藥全在桐城，應自留數營守桐而

親率　馬步大隊回援楚軍云云　桐城既有
多部留守，舒城亦可不守，惟廬江急須
駐守，並為急須進攻。舍弟因米餉太多不
能拔營，實深焦灼，須得鄂解一万，江解
三万，定於初一日成行。二日內雨大泥深，不知
朔日能少止否？以岑兄赴鄂詳視
尊恙，今因雨阻，朔日始成行也。即問
台安。
國藩頓首
八月廿日
九月初五日到

潤之宮保老前輩大人閣下：日來
未得
尊處信息，蓋初六後建德又為
賊踞，然漁亭、黟縣等處比猶
平安。休、歙之賊北援皖、桐，計十
五後乃可到。北岸楊七麻子聞當至
寧國，未動，不知確否。略探不宣。即
問
台安。
國藩頓首　十二月十六　第二百

汪、張二信求寄去

二十九號

潤之宮保老前輩大人閣下：十五夜專差人送去一緘，略言霍山之軍可否蹔緩，想該信在途遲之。茲呈馬秀才所繪地圖，雖不如伍維勛圖之確，而亦可

備參考，特著一分送呈
荃覽。今日風雪嚴寒，不知
能營新移小池驛營墻
粗就否，至為懸系。侍今
日前一緘，往僅希庵并
閱，順請
台安
侍國藩頓首
十二月十七夜
第九十六號

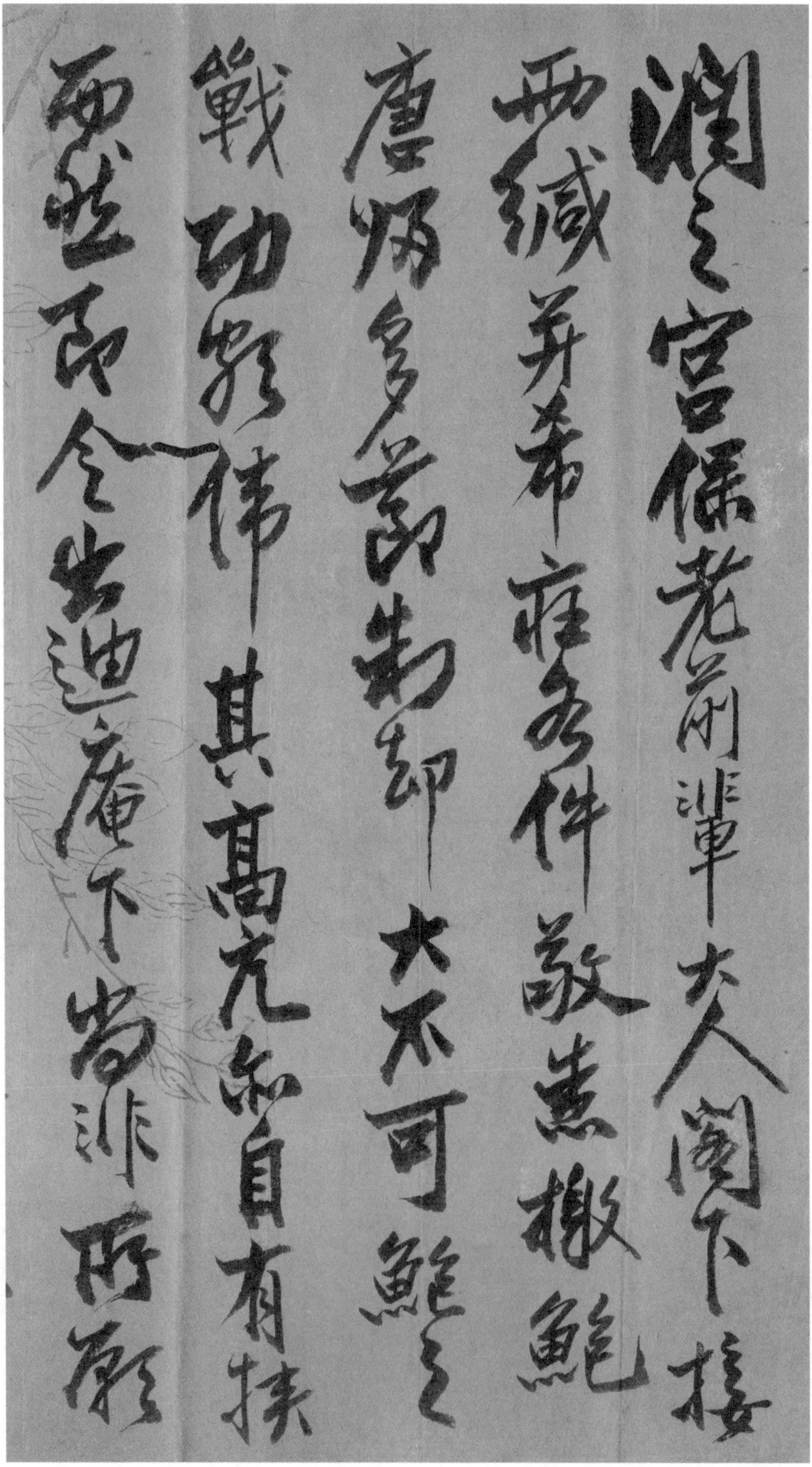

潤之宮保老前輩大人閣下：接

西緘并希庵件，敬悉。撫鮑

唐兩多為制卽，大不可離之。

戰功較偉，其高亢知自有抹

要然所令出迪庵下，當非所願

况多年手头之受病愈為激之

携藏也当为昨日

当霞姤勤之减便到恰好地位

不必再责云续 國産今日惡渡鮑店凡二百

君不减而勤其讓推多都護

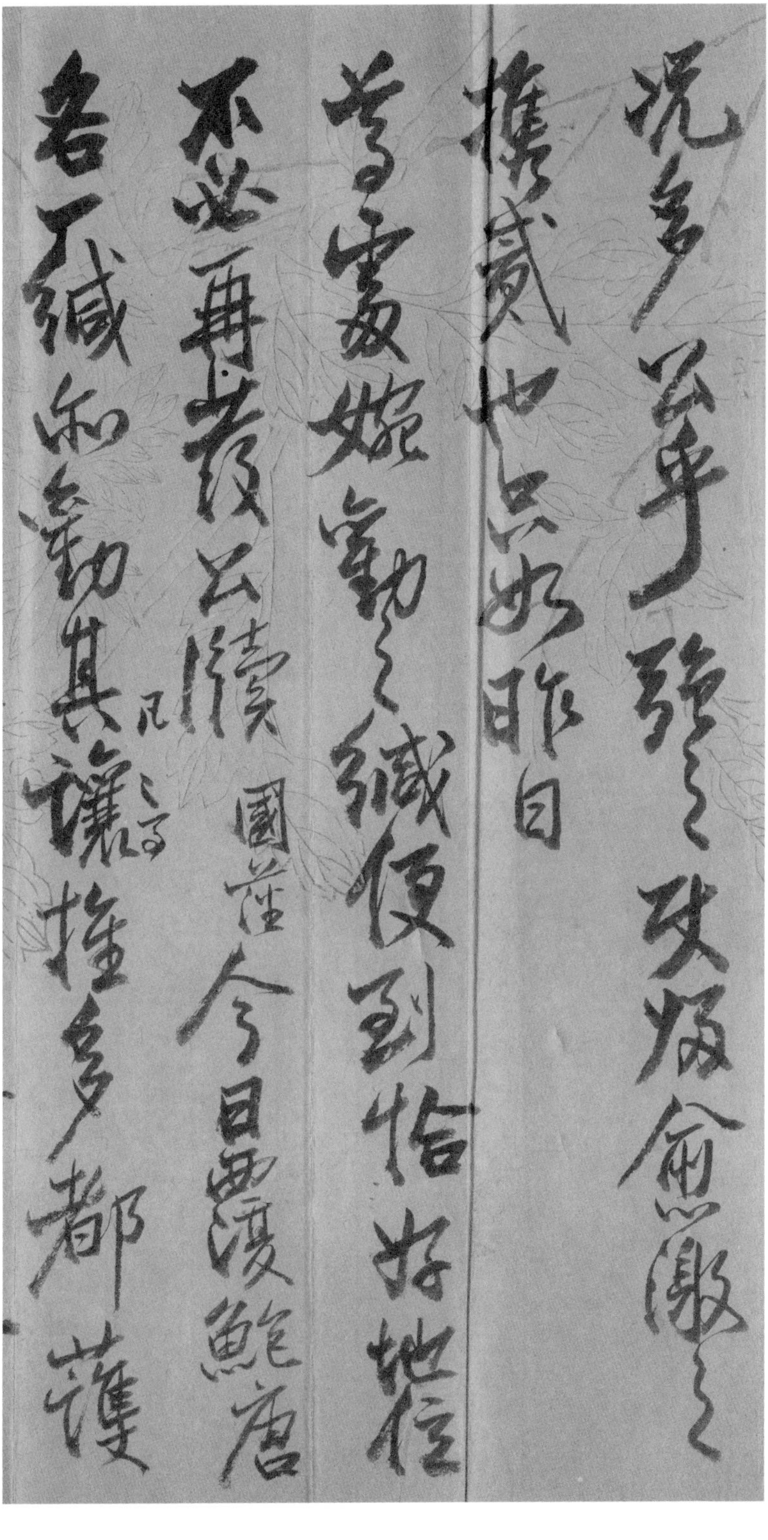

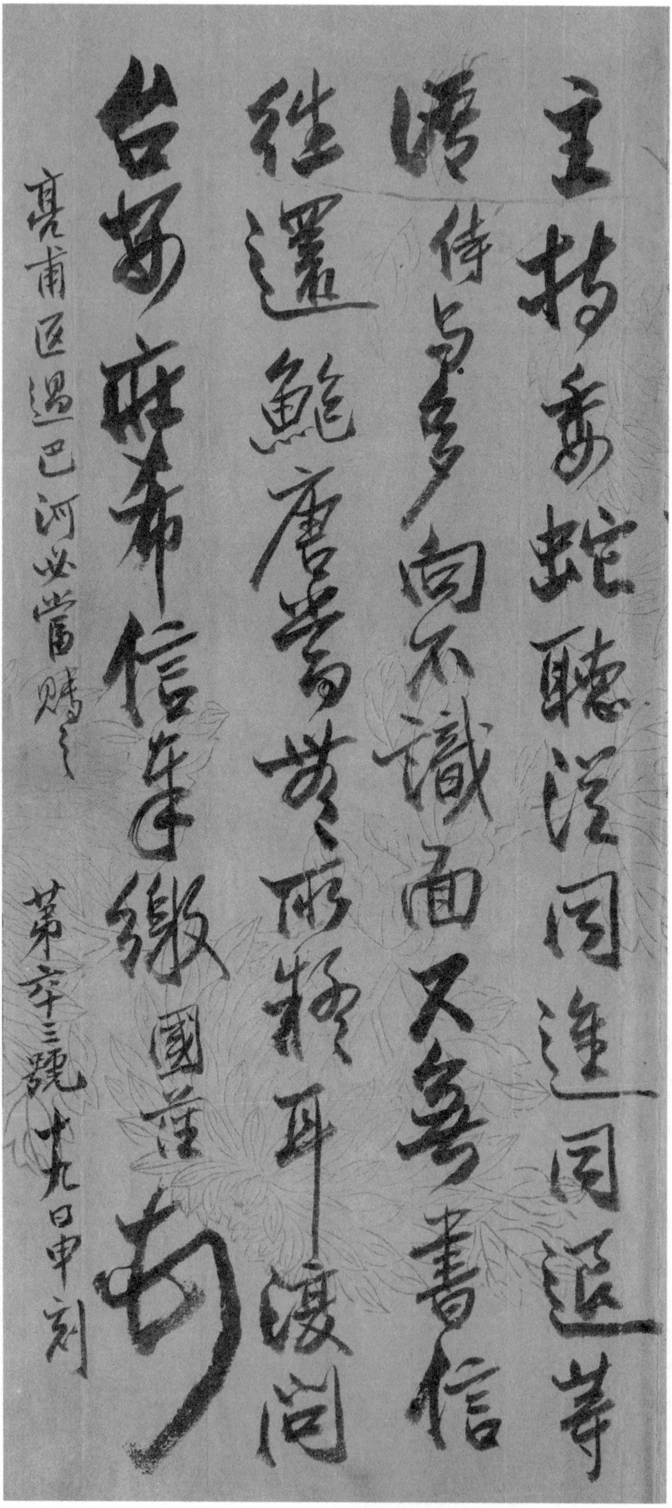

主持委蛇，聽從同進同退等語。侍與多向不識面，又無書信往還，鮑、唐、黃、彭輒耳渡問
台安。所布信件繳。國藩頓
真甫返過巴河必當晤之
第卅三號 十九日申刻

潤之宮保老前輩大人
閣下：廿一日接第五號
惠書，并寄表午帥一緘，
聆悉。表件稿仍行奉繳，
并抄此案前奉

密寄一件以憑參核。鮑軍
至下隅坂，聞其日進攻建德，
不知得手否。左公今日來一緘，
抄呈
一覽。
尊體日內何如？敬詢
萬福。
國藩頓首
正月廿七日第九號

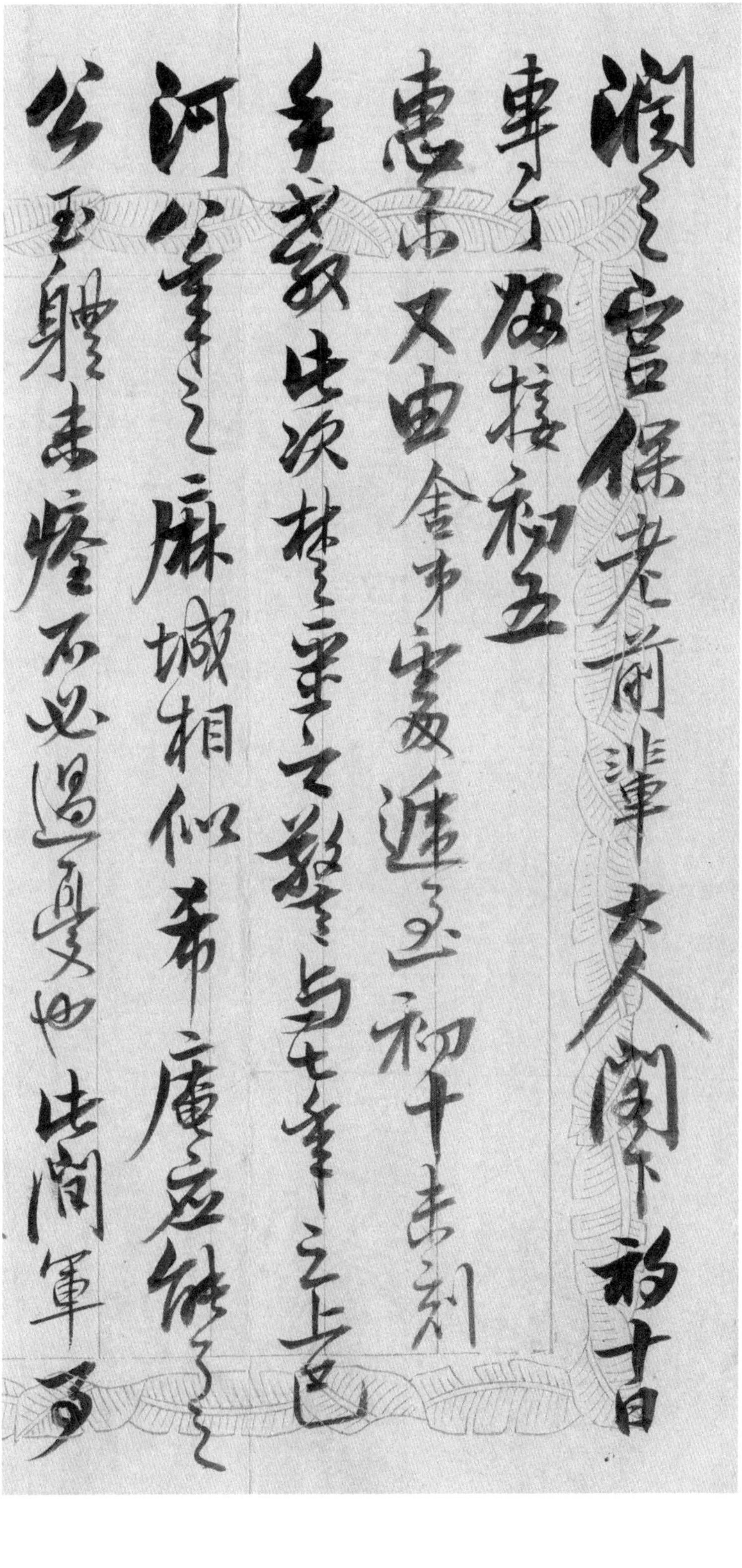

潤之宮保老前輩大人閣下：初十日
專丁齎接初五
惠書，又由金中丞遞送初十未刻
手教。此次楚軍之敗，與咸七年之上巳
河公筆之麻城相似，希庵應繼之
公玉體未痊，不必過憂也。此間軍多

右軍至發境與楊七麻股匪相遇，殺之獲勝一次。侍派凱章及朱唐打止溪口，於九日獲一大捷，破賊巢三十餘座。一則乘虛思取休寧，二則襲清華南股匪之尾，使楊七麻狼狽其後也。因此不能移營。即問

台安

國藩頓首　第十四號　二月十一

潤之宮保老前輩大人閣下：敬覆者，接廿六日
惠書，知
貴恙改服薑桂等品，大棗取祁門
白朮，茲專人送上少許，重二兩四錢。
箴言書院記尚緩寫來呈中段

已改過，較前略厚，寫尤不稱意。如急須上石，則即以此紙付刻；否則請溫甫寫一通可也。援賊於初四日至石牌，計明日至集賢關。即問

台安。

國藩頓首

七月初五日未刻

有容堂

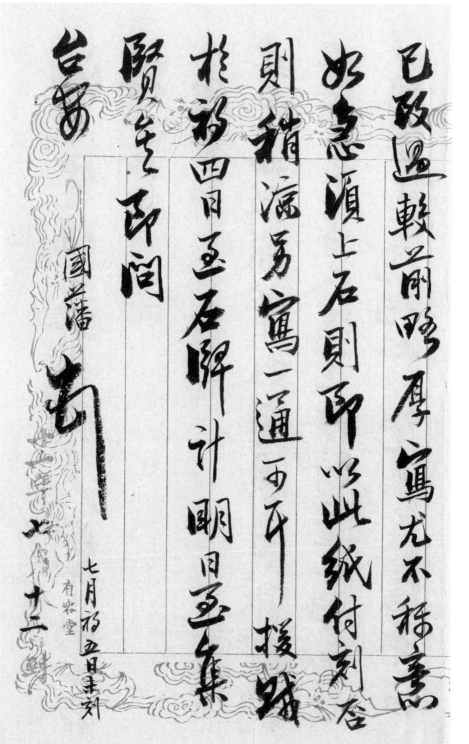

潤之宮保老前輩大人閣下：接廿五日

惠書，知尊恙尚未痊愈，差子偲來細詢起居，尤以爲系。道遠不克馳往看視，如何如何。狗輔諸賊由漸徽折而下，廿九日圍撲太湖糧臺，一日解去，五月內必至集賢關內外。

來示欲左張諸軍由山內出援皖北目
下兩軍皆居險隘之地又竟途太遠
欠餉太久竟無裹糧成行之力只望桐懷
兩軍穩守如一月不退鮑軍仍可回援請將
廑念識言書院記改易數行仍不稱
意此當繕寫專人送呈即請
台安
國藩頓
七月初四
十一年七月十二日到

有容堂

潤之宫保老前輩大人閣下日來接
惠信不知
尊恙如何有自潭口初九初十來者
道聞諸市人
宫保病日愈也雪琴初九日信函云
貴體心煩而反復無定至為系念

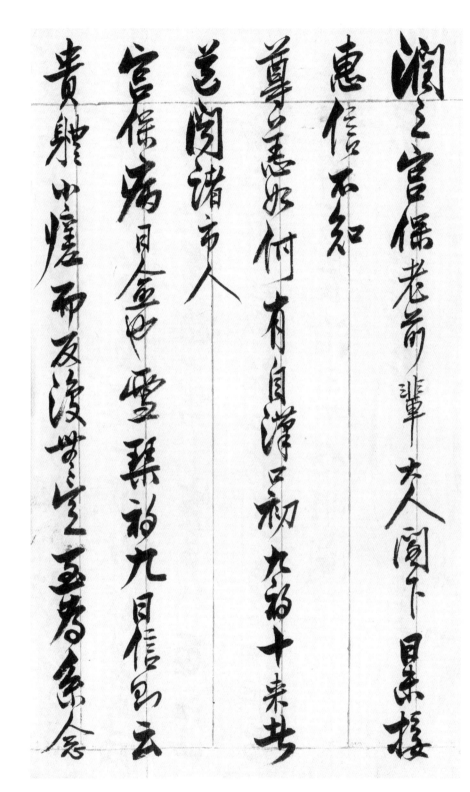

接賊十三日在集賢關外燒屋，尚未
打館。多公十四獲一勝仗，渠甚望咸
寧下勤黃梅一帶，究可行否？江西
省城已解嚴，鮑公將到矣。敝躬爲
瘡癬所苦，迄未大好。順問
台安。國藩頓首
七月十五日
十一年七月廿三日到

潤之宮保老前輩大人閣下日來接

手書想

營盖日以燈後接戰之打先鋒者十

二至集頭關外大隊或於十二三可到廬

廬因寶塔下賊渠之壘已破我乘機

攻城數日舍弟仍堅守後濠或可安
穩請
廑念江西自移之後黃一信來雖係之
至徽婺等處四軍安左帥信來上侍者
辭職兩黃自守究難抵尤鬱悶也順問
台安
國藩頓首
七月十二日辰刻
十一年七月十九日到

潤之宮保老前輩大人閣下：久不得
惠書，未悉　尊體近日少愈否？頃
聞為此風所苦，東流老營各僚友以
十二日登舟，遲至廿三日始抵安慶，尚
以覆溺數命之事。筱岑先到，侍從
其赴鄂診視

公病渠深以臨症太少雖副厚望
務肄 侍
告以致則功在天下不致
決不歸咎雖尚未深許日內當以砲
船送之入鄂如遇順風九月初當可
到武昌省也 即請
台安 侍 國藩 頓

八月廿四

九月初一日到

潤之宮保老前輩大人閣下初四早接
初二夜緘并批示批文未刻又接初
三日惠緘敬承
所示人以書惠相期而要我以宣歙
此邦自待誠為文不稱題自當開擴
規模絕去拘牽以副
盛指惟其中尚一二端須辯難者因再

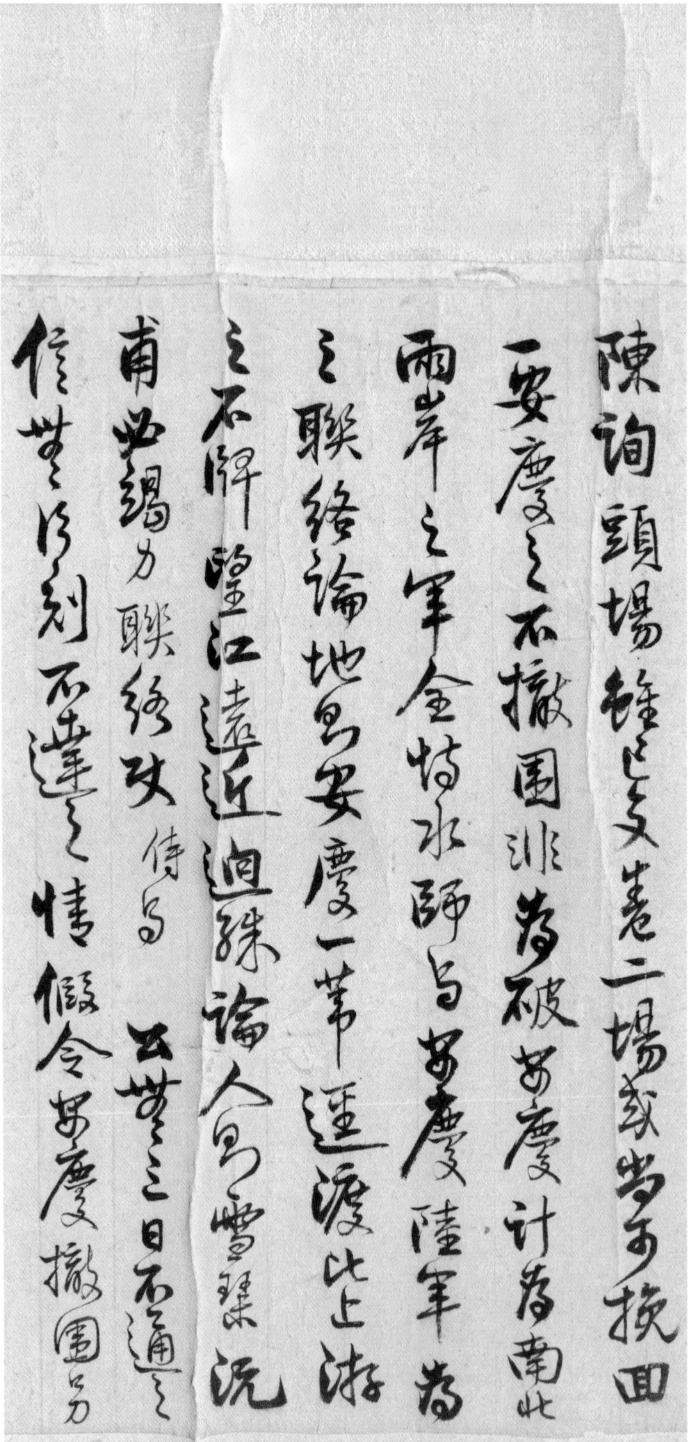

陳詢頭場鋒文卷二場錄出即換回
安慶之不撤圍非爲破安慶計爲南北
兩岸之軍全恃水師與安慶陸軍爲
之聯絡論地與安慶一帶連渡比上游
之不解望江遠近迴殊論人與雪琴沅
甫必竭力聯絡致侍與公等之日不通之
信者所刻不違之情假令安慶撤圍之功

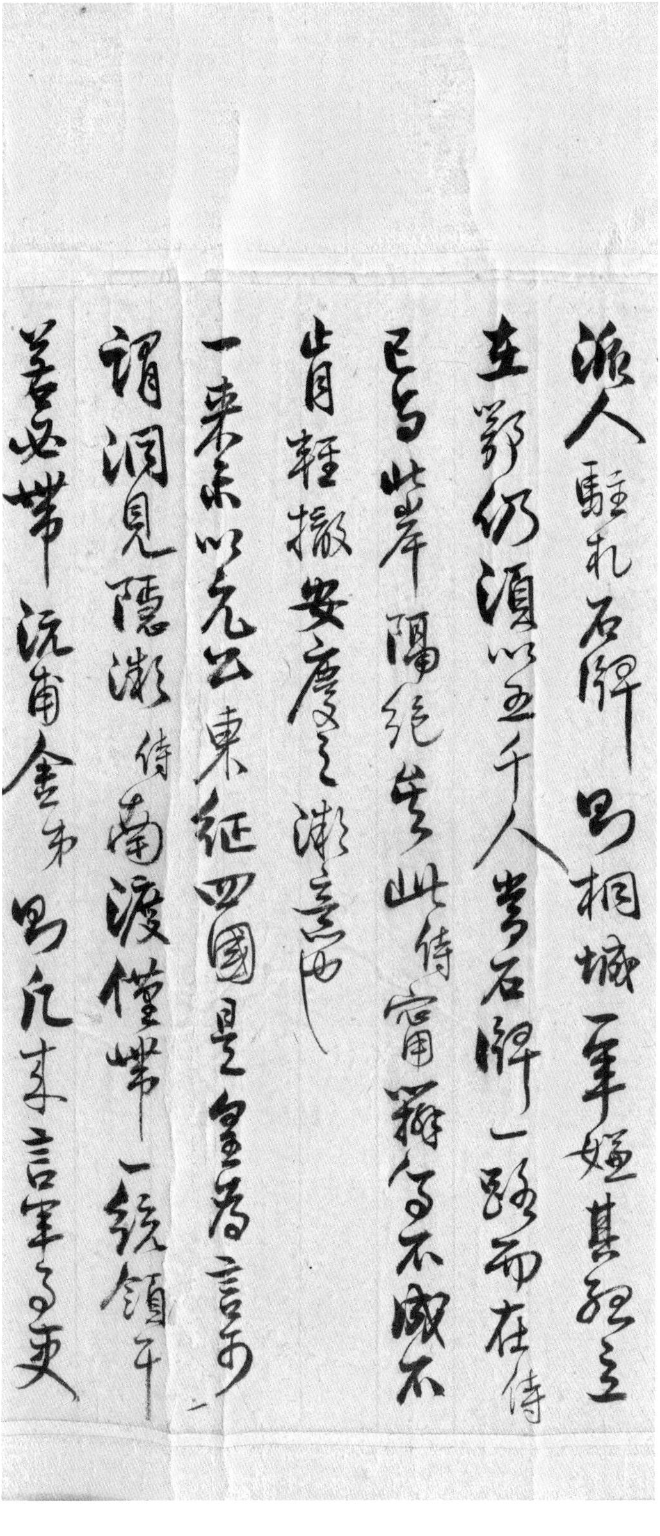
賊人駐扎石牌，與桐城軍極其經之
左。鄙意須以五千人當石牌一路，而在侍
已與北岸隔絕，若此侍當稍有不敢不
肯輕撤安慶之圍也
一來，未以周公東征四國是皇爲言。示
謂潤見隱微，侍南渡僅帶一統領千
善也。帶沅甫舍弟思凡事言軍之吏

若必帶沅甫舍弟出，凡來言軍事更
不此時將找沅甫說話，既不是非即不
喜怒賞罰，不得人之好惡，待兄亦跂臺
之後而更變計，亦晚矣。此等嫌疑
且萬不得不避。此求亦以春霆惠我
而侍以舍弟借駐，以弟千求，務望兄允
一次書之四千人，現在饒廷選處正焉

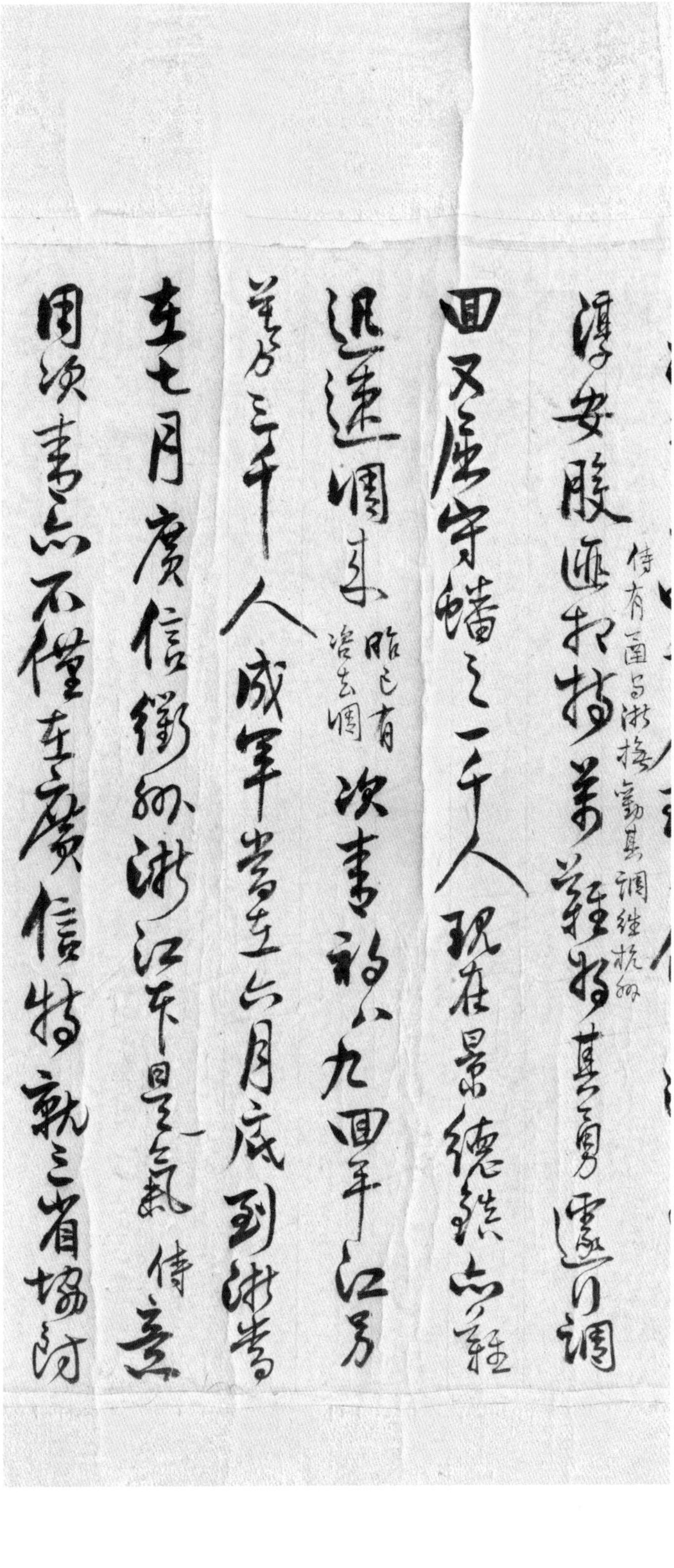
淳安股匪抄掠等縣，擬將其勇營遷調（侍有函與浙撫，勸其調往杭州）
回，又屆守饒之一千人，現在景德鎮亦須
迅速調來（昨已有咨去調）。次青部下九四千江勇
並另三千人，成軍當在六月底到浙，當
在七月。廣信、衢州、浙江本是一氣，侍意
用次青亦不僅在廣信，特就三省協防

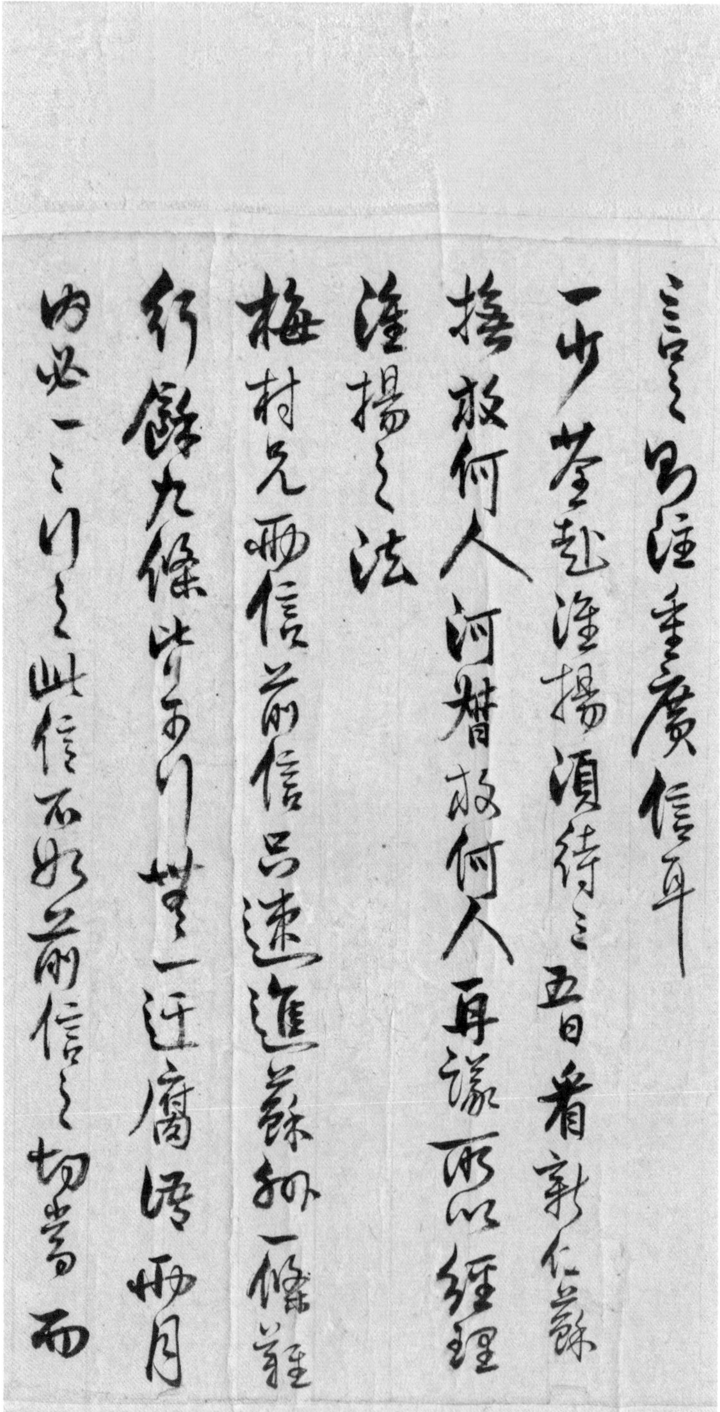

三日又接季高信，并一步，並赴淮揚，須待三五日看新任蘇撫放何人，河督放何人，再議所以經理淮揚之法。梅村兄兩信，前信言速進蘇州一條，難行，餘九條皆可行，其一迂腐語，兩月內必一一行之。此信不如前信之切當，而

内必一一行之。此信不如前信之切當，而滿腔熱血噴薄紙上，可見血性男子而潦倒一生，天下安得不多材哉。文若究所保之將，侍已所聞之吏，尚謹記之。二信抄畢再行奉繳。李老之藩，之藩尤愜鄙意，名元何號，順問

台安

國藩 頓首

五月四日申刻 第百四十六號

咸豐十年五月初五日到

潤之宮保老前輩大人閣下：得廿六夜
惠書，敬承一切。分兵札太湖，甚可喜，至此耶？
侍自至宿松，日與諸將議打仗之法，至於
敵戰可參，非漢然貫貫意耳，特心憲多公積驕，
恐兵兵疎久，欲於後繼之師自厚其力耳。迄十七、十八
日閒能果拔營，唐軍太湖，居民移徙號泣，
早始收復。
尊議私心不甚自愜，不謂
閣下遂從而堅之也。此策

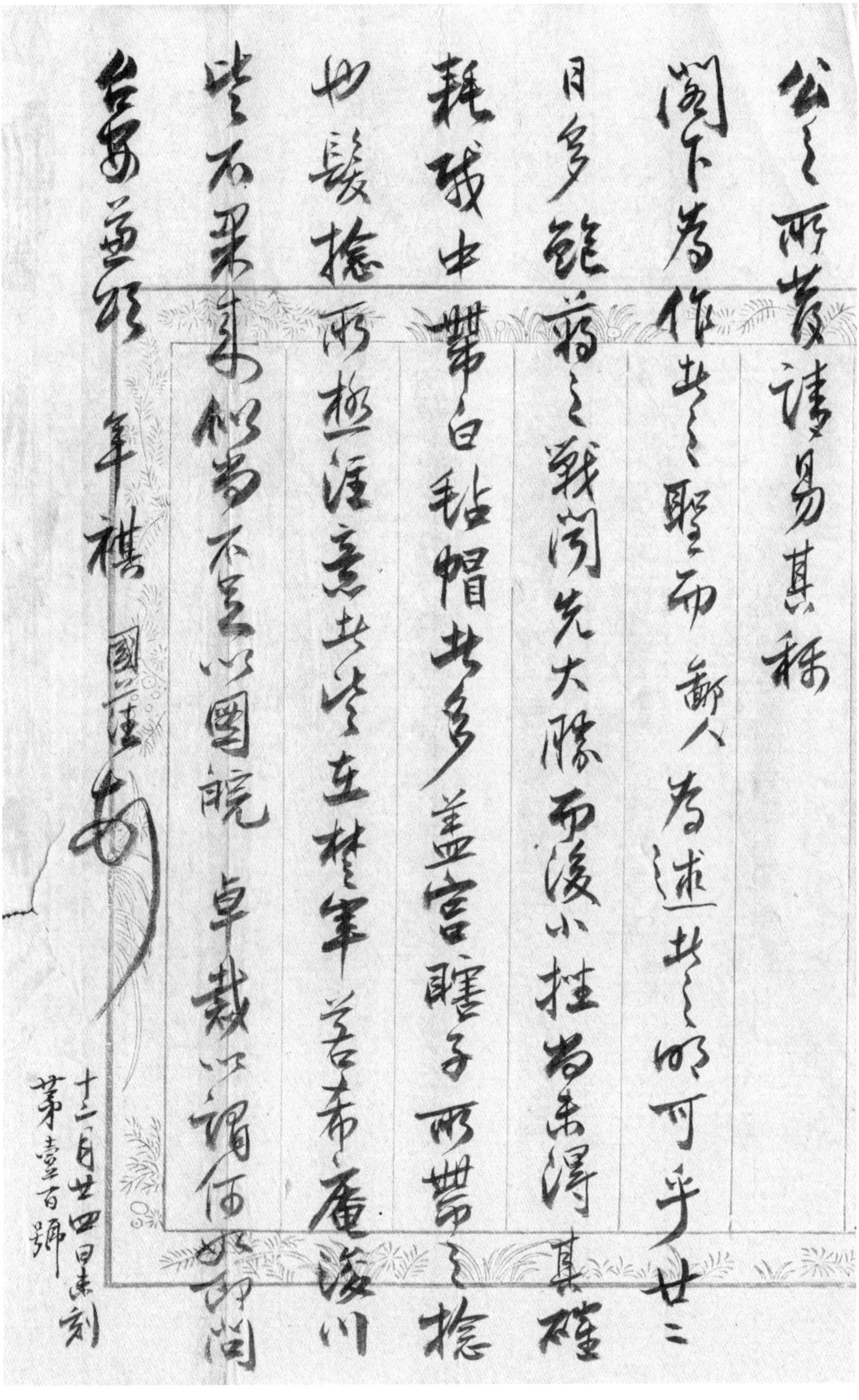

公之所发请易其称，阁下为作者之圣，而鄙人为述者之明，可乎？廿二日多礼堂之战，闻先大胜而后小挫，尚未得其确耗。我中军白毡帽者多，盖宫瞎子所带之捻也。发捻所极注意者在楚军，若希庵、後川皆不果来，似尚不足以图皖。卓裁以谓何如？即问
台安。并颂年禧。国藩顿首
十二月廿四日未刻
第壹百號

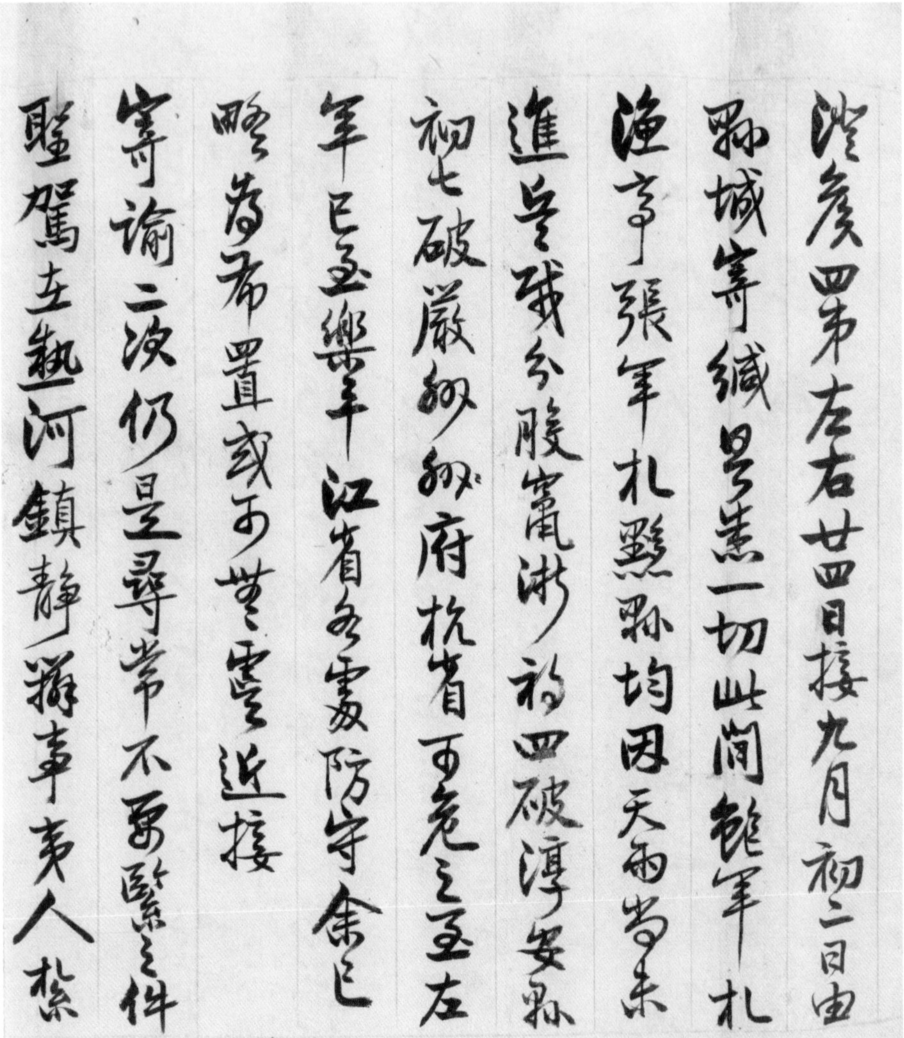
澄侯四弟左右：廿四日接九月初二日由縣城寄緘，具悉一切。此間能軍札漁亭，張軍札黟縣，均因天雨未進。呈賊分股竄浙，初四破淳安縣，初七破嚴郡，郡府杭省可危之至。左軍已至樂平，江省各處防守，余已盼為布置，或可無虞。近接寄諭二次，仍是尋常不要緊之件，聖駕在熱河鎮靜，撫事夷人禁

隊至德勝門外派三百人至園子焚外
館房殊堪髮指通州天津皆照常
買賣尤堪詫異余若奉
旨派出帶兵此上成敗利鈍全不
計 教但以明君臣之大義
主辱臣死分所當然耳 下首竹多
容當籌擬禮防 弟與朱金權二人順問
近好 兄國藩手草 九月廿四日

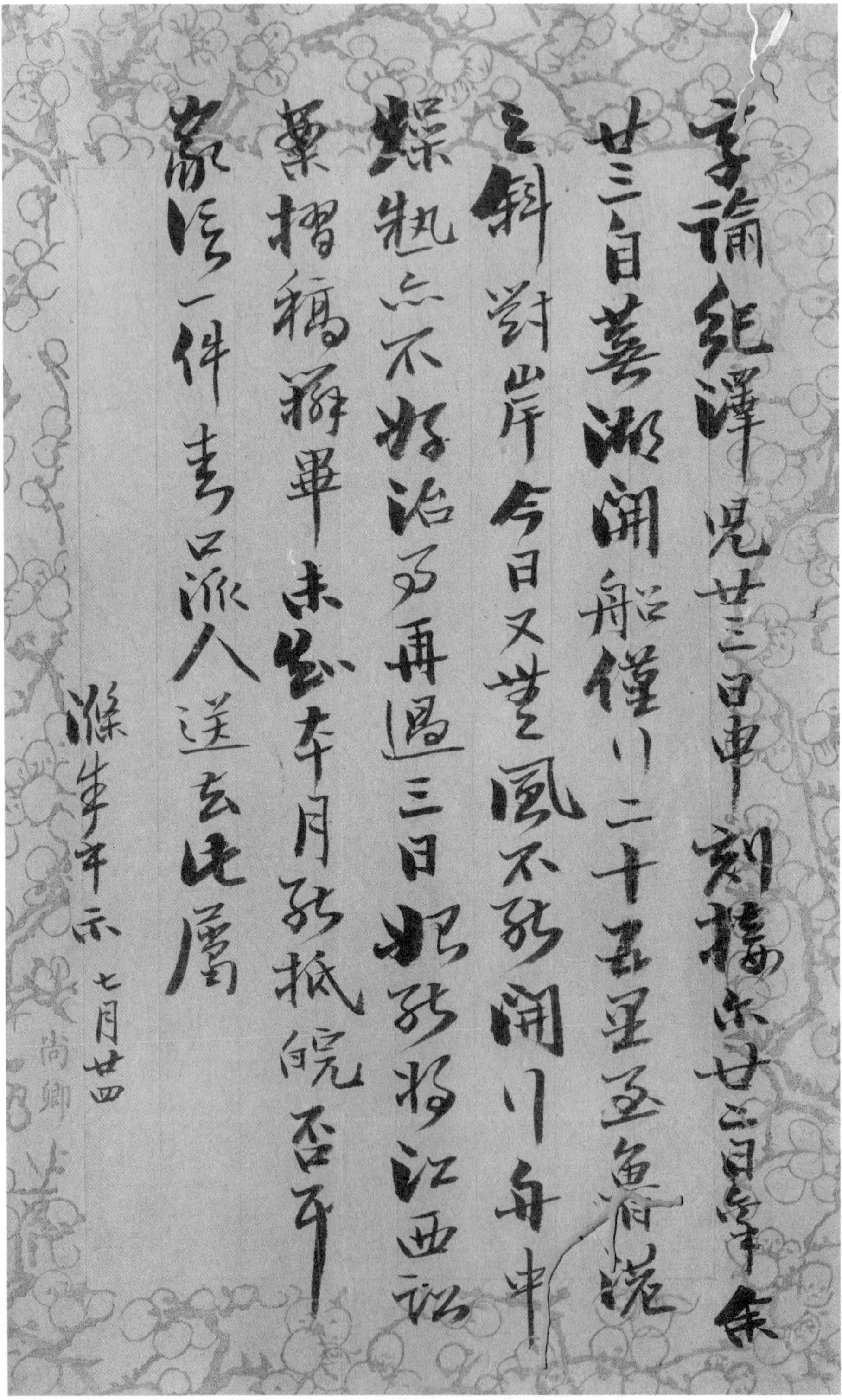

字諭紀澤兒：廿三日申刻接爾廿二日稟。余廿三自蕪湖開船，僅行二十五里，至魚尾泥之斜對岸。今日又遭風不能開行。舟中燥熱，亦不好治事。再過三日，始能將江西認案摺稿辦畢，未知本月能抵皖否耳。葛衣一件，吉口派人送去。此囑。

滌生手示　七月廿四

日内腹泄思家中鹽薑可帶少許來不要太乾者以潤爲妙老屋包些亦好前有一信要帶史記殿板初印者來營亦屢次寫信中皆未提及余每次寫家信時必將諸叔父信及爾來信據其應答之事開一小單又將營中應說之事亦列單內免致臨時忘卻免致有問無答亦可學之此諭紀澤知之

滌生示 四月四日

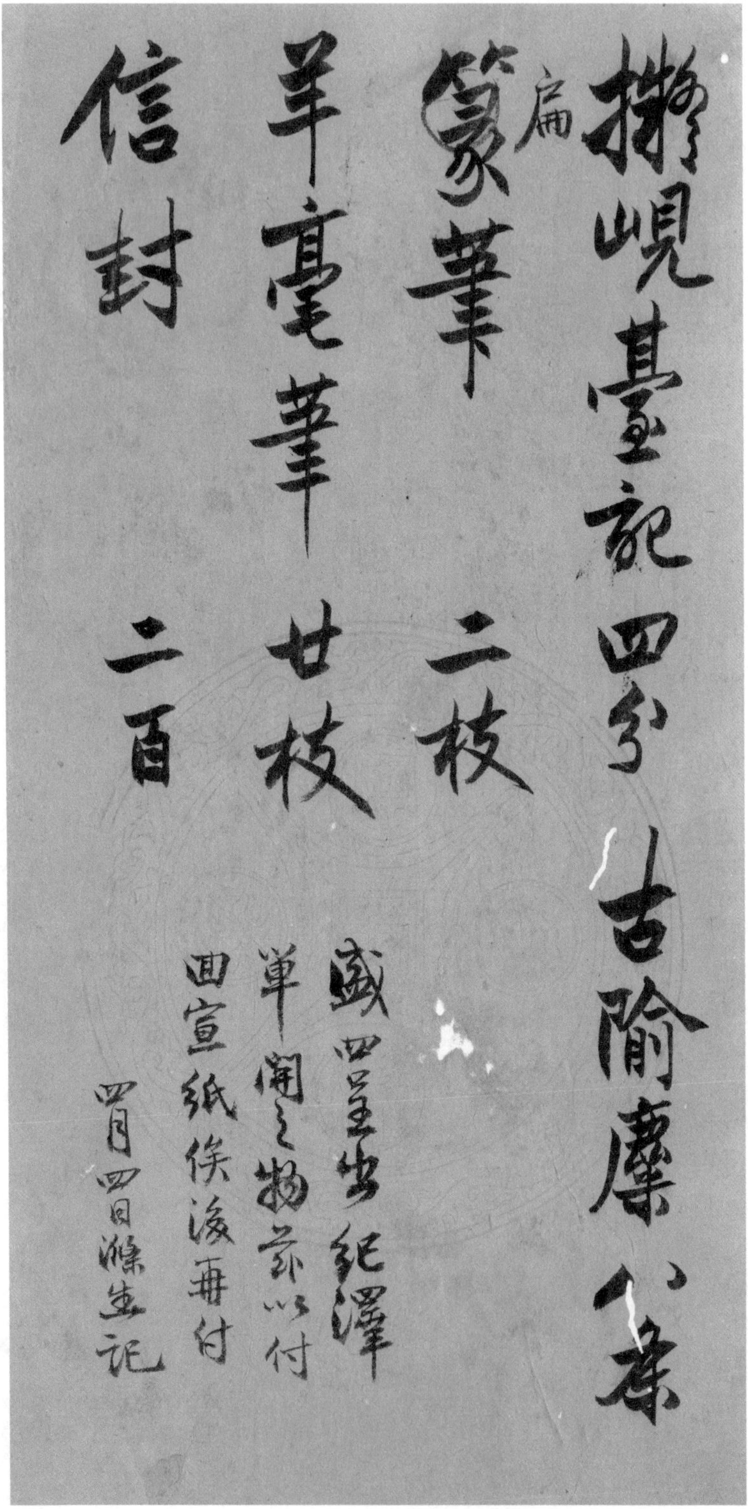

擕峴臺記四分　古隃麋八条
扁篆筆　二枝
羊毫筆　廿枝
信封　二百

盛四呈與紀澤
單開之物亦以付
回宣紙俟後再付
四月四日滌生記

字諭紀澤兒：家中望刻十子一部，便中寄來，或交沅叔帶來，或交長夫帶，均可。余在長沙，何以不發信交郭意誠發官封也？

三月十九日滌生手示

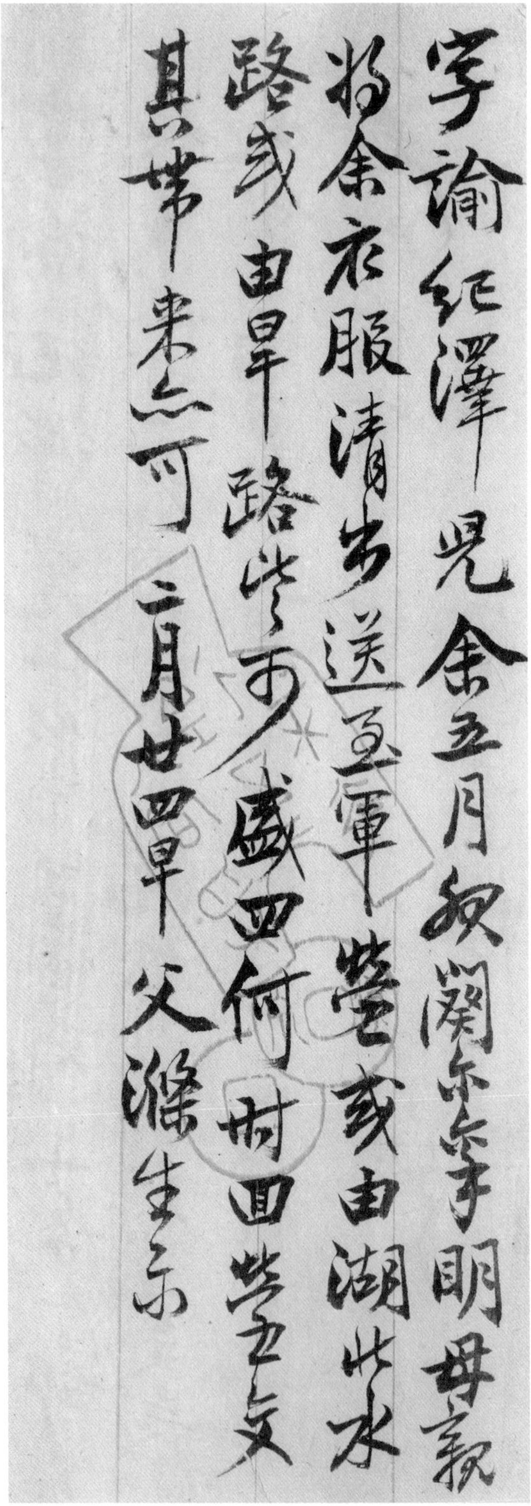
字諭紀澤兒：余五月服闋，爾稟明母親，將余衣服清出，送至軍營，或由湖北水路，或由旱路皆可。盛四何時回營？若交其帶來亦可。二月廿四早，父滌生示。

正月十七日接奉　諭旨九件
廷寄一件摘抄事由寄　沅弟
閲不及全錄仍付湘鄉家中一閲

字諭紀澤兒今日右目紅不能多作字
付去關帝廟軼群絕倫四字查收又白
泥銀三字仿思雲館之例做扁送銀中餘不
多囑

五月十四日滌生手示

字諭紀澤兒茲因季緩三回金陵之便帶去陳刻後漢書三國志收明史有殿板初印者在家中否金陵有甘子大所送明史紙印皆劣有舒館等俟寄來甚便則不必也

滌生手示　七月廿九

字諭紀澤兒知 外祖母於九月十六
日壽辰茲寄去銀叁拾兩家中配成
禮送去以後凡親族中有紅白喜事我
應送禮者爾寫信寄知其數愈多少大
此次寄九藥二瓶一送 外祖一寄爾母服之相安否爾下次寫字知
四胖及爾母齒是寫來可也
約之數爾字
九月初七日滌生示

字諭紀澤兒：十月初十日接爾信與澄沅叔九月廿日在縣城發信，具悉五宅平安。希庵病亦漸好，至以為慰。此間軍事，金陵已就平穩，不久當可解圍。沅叔另有二信，余不贅告。鮑軍日內甚為危急，賊於灣沚渡過河西，梗塞霆營糧路，霆軍當士卒久

南之後布置散漫衆心頗怨深以
為慮能若不支則張凱章困於寧國
郡城之內亦極可危如天之福寧國亦
出金陵之賊竟為我有則大幸也爾從
事小學說文行之不倦極慰極慰小學凡
三大宗言字形者以說文為宗古書惟
大小徐二本至本朝而段氏特開

生面而錢坫王筠桂馥之作亦頗宗
尚言訓詁者以爾雅為宗古書惟郭
注邢疏至本朝而邵二雲之爾雅
正義王懷祖之廣雅疏證郝蘭皋
之爾雅義疏皆稱不朽之作言音韻
者以唐韻為宗古書惟廣韻集韻
至本朝而顧氏音學五書乃為不

刊之典，而江（慎修）、戴（戴東原）、段（茂堂）、王（懷祖）、孔（巽軒）、江（晉三）諸作亦可
參觀。亦非於小學鑽研古義，則
三家外，兼江、段、郝、王六家之書，
均不可不涉獵而探討之。余近日
心緒極亂，心血極虧，其慌忙無措之
象，有似咸豐八年春在家之時，而
憂灼過之。甚思爾兄弟來此一見

不知爾何日可來營省視余觀天
時默察人事此賊竟無能平之理但
求全局不遽決裂余能速死而不為
萬世所痛罵則幸矣此信送
澄叔一閱不另致　滌生手示
十月十四日

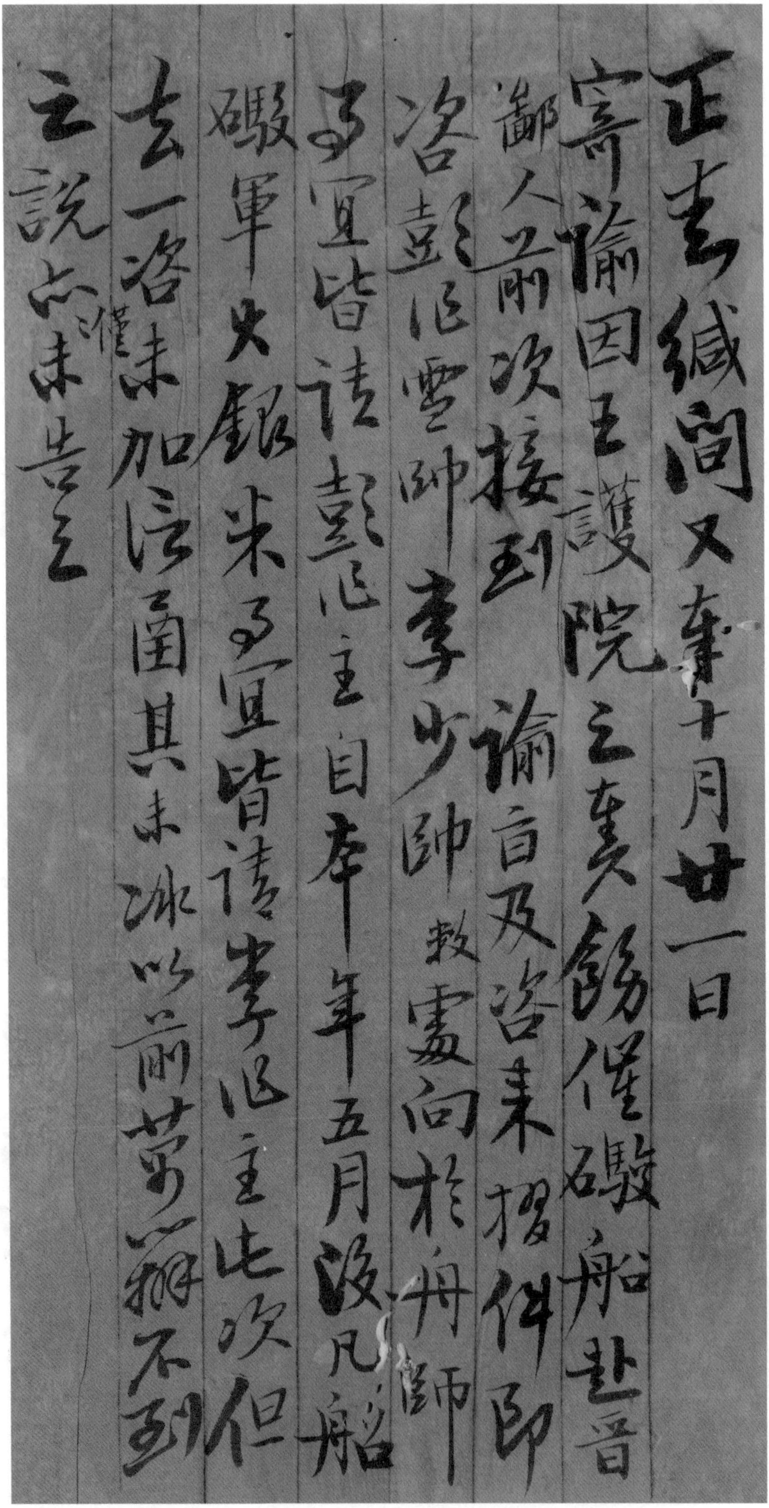
正書緘間又奉十月廿一日
寄諭因王護院之奏飭催礮船赴晉
鄙人前次接到諭旨及咨來摺件即
咨彭退雲帥李少帥敕處向於舟師
事宜皆請彭退主自本年五月後凡船
礮軍火銀米事宜皆請李退主此次但
去一咨僅未加信函其未派以前營辦不到
之說亦未告之

閣下昨來告彭李二公也然至今未接
二公咨復縱使十二月能勉強起程亦必須明
年春和冰解乃能出運入黄今冬斷望
砲船抵晉請先告蔭堂兄不久亦當附
片奏明再頌
舫仙仁弟台安
國藩又手啟 十月廿五日

再 閣下此時所處極人世艱苦
之境然古人所謂素患難行
乎患難者亦君子居易中
之一端易需二爻處險之道
曰衍晉二爻處險之道曰裕
衍與裕皆訓寬也
閣下宜以寬字自養能勉
宅其心於寬泰之域俾身
體不就孱弱志氣不至摧頹

所以汲汲出谷必求出險之方近
未成新疆者大約皆在甘肅
不知甘省停留者有幾員
部中僅令出關者不知各
營實裁何如　令弟續查
之件不至獲戾否係念
殊深使中
示及爲問
舫仙仁弟近祉　國藩又啓

三月廿九日

再潘伊卿觀察近年識量日進接物處
事諸臻妥善金陵寅僚翕然稱之本年
贊佐運河隄工冒雨督役晝夜勤事竣
工後負役紳民同聲感頌物望日隆方冀
重加委任漸肩艱鉅成就正未可量不料
一病經月誤於庸醫竟致不起在揚卿病篤
以輪舟迎歸甫入金陵寓館即已氣絕不獲
與其老親一言告別尤為可傷僕挽以聯云

還家便求訣痛高堂七十歲倚門倚閭知九
原宣呼識可治水甫成功念下河百萬戶已饑
已溺拼一死承奠生民知
閣下与渠至交特以奉告吾邑極盛之餘近
可頻多不順殊為危憲再問
艤仙仁弟台安　國藩頓　六月廿二日
承代送王宅之三百金應交何處歸款乞示

舫仙仁弟閣下敬霎昔年
撥寄王靜庵同年溥霎
三百金蓋因在京曾借二百
金恐渠不收故因其下第之
際并移贈儀將設法寄
去也不料前函未達銀亦
始終未寄匆匆又閱五年深
用為愧并有復靜庵一函
求

閣下檢閱後封口并懇代
出銀三百兩上寫花紅係字樣
即日專人送去渠若不收請
閣下再三諄勸收之俾僅寸
心得以少安至要至要　敬霞歸
還之　萬霞之銀或寄山西
或寄湘鄉　俟接　霞復示即
行付去餘俟續布順候
台安不一　曾國藩頓首　二月十九日

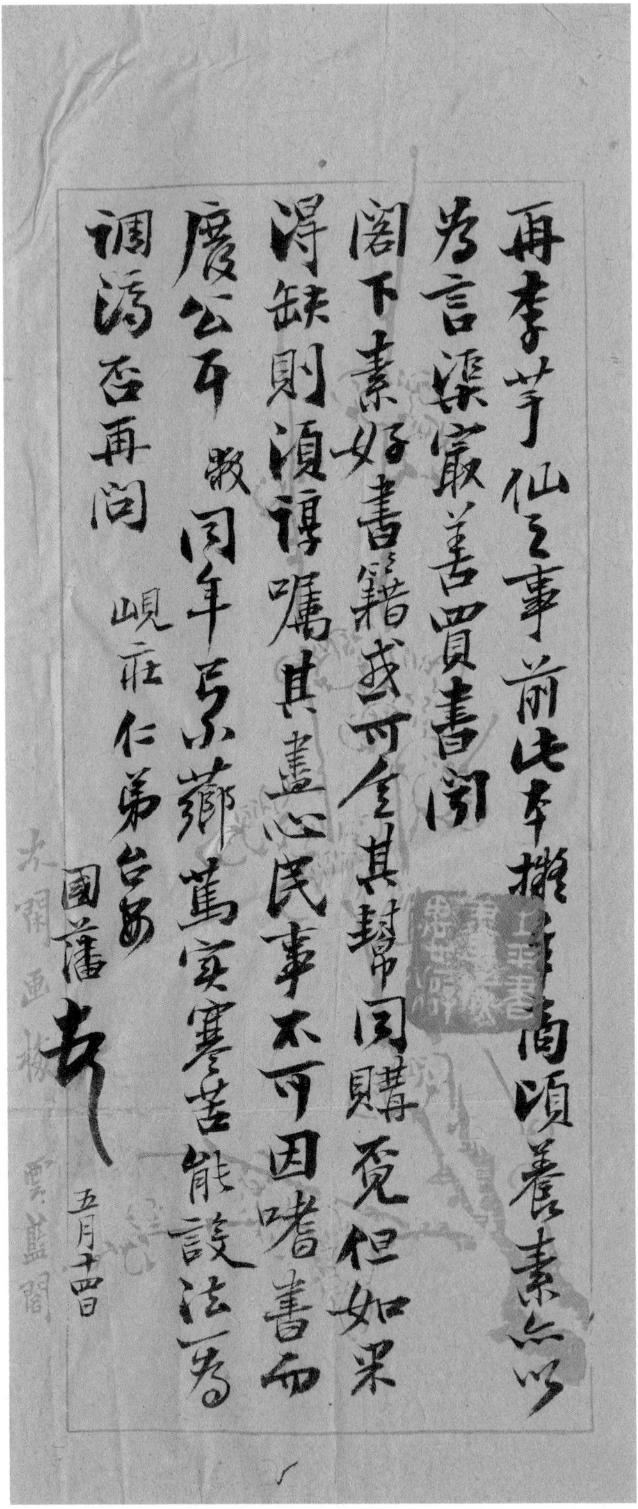
再，李芋仙之事，前此李撫軍尚須養素亦以為言。渠最善買書，聞
閣下素好書籍，或可令其幫同購覓。但如果得缺，則須諄囑其盡心民事，不可因嗜書而廢公干。敬
同年京卿萬寅寒苦，能設法一為調濟否？再問
峴莊仁弟台安
國藩頓
五月十四

李芎之事仍求速沛時雨為荷 達川前有入覲之信不知 尊處常通信否渠居心極為萬險而仕途常多險巇頗為慮之 又啓

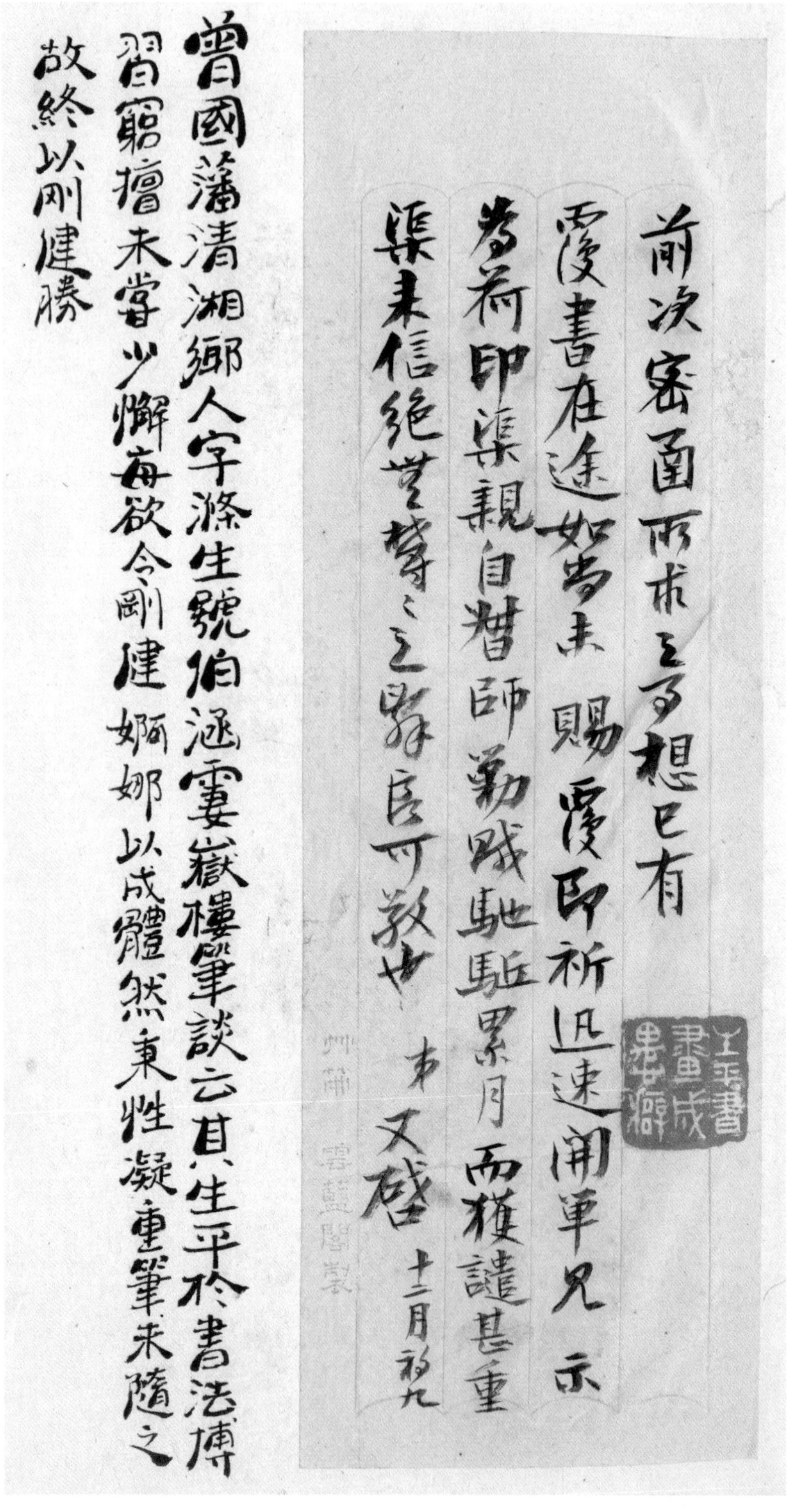

前次密函所求之事想已有覆書在途如尚未賜覆即祈迅速開單見示為荷印渠親自潛師勦賊馳驅累月而獲譴甚重渠來信絕無牢騷之辭良可敬也 弟又啟 十二月初九

曾國藩清湘鄉人字滌生號伯涵霎嶽樓筆談云其生平於書法博習窮擅未嘗少懈每欲令剛健婀娜以成體然秉性凝重筆未隨之故終以剛健勝

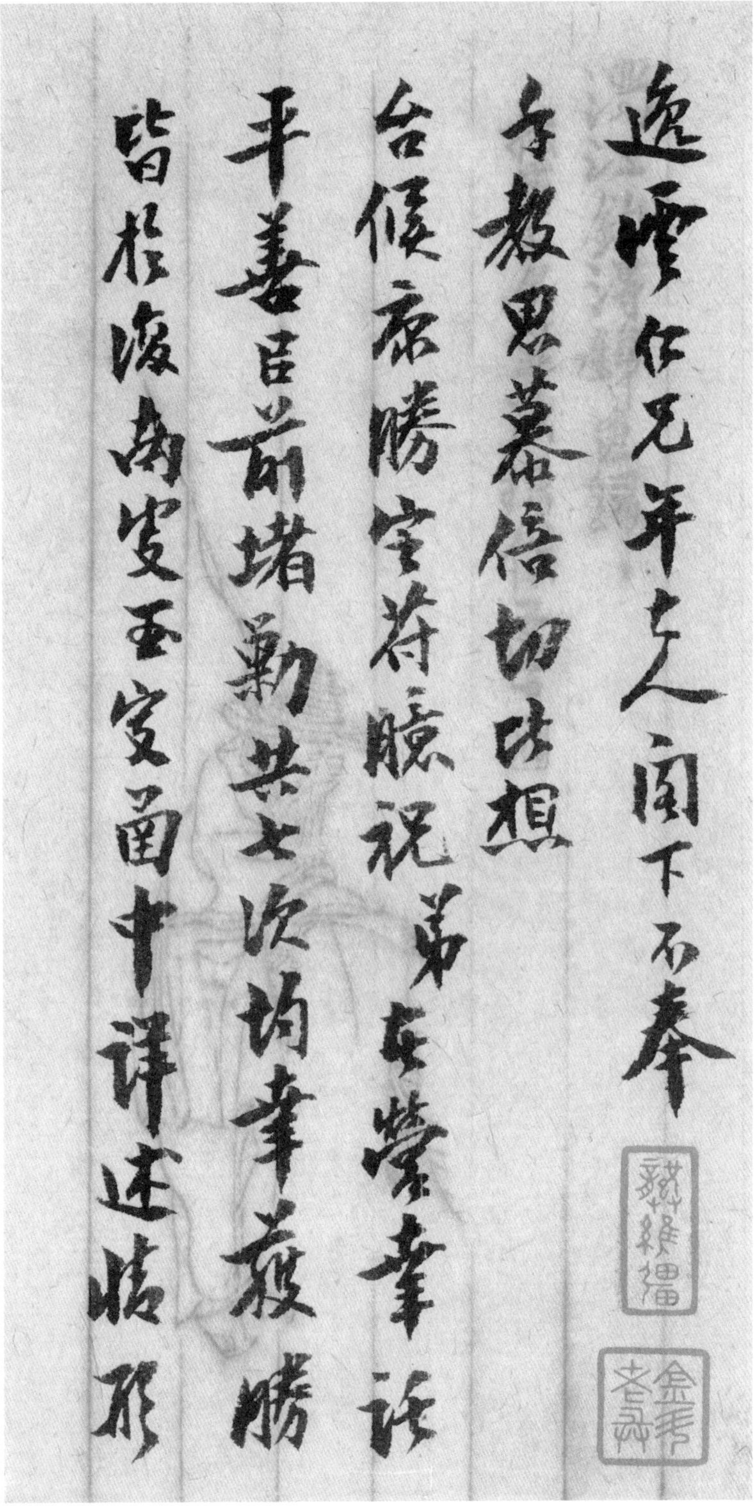

遁庵仁兄年丈人閣下：不奉

手教，思慕倍切。比想

台候康勝，定符瞻祝。弟在營幸託

平善，目前諸勤共七次，均幸獲勝，

皆於渡尚发丞安函中詳述情形

並恕其特達

若少翁及閣下中筠以七月啓行來皖

由皖乘輪赴滬君子得閒於東南

新政煥發此真吳民出水火而登衽

席之時也忭慶曷已吳桐雲正月六安

田哥慶甫將田楚大約本春帥至
未見言聽計從所以有此去志也今年
雨水過多楚中歲事不佳穀價仍高
騰。君約衣衾之中弟行篋內有貂
褂一件算中之須長衣是以檢出

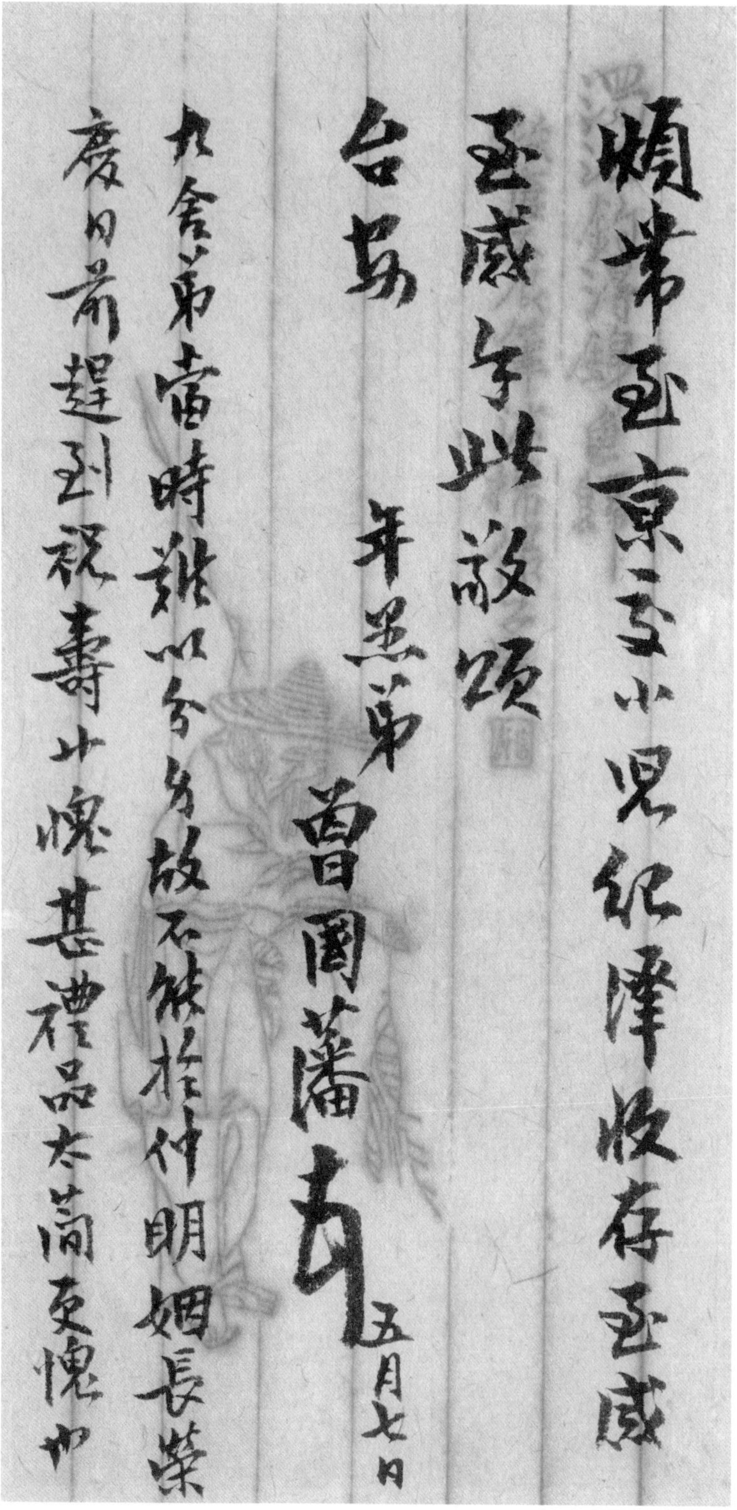

順帶至京交小兒紀澤收存至感
至感手此敬頌
台安
年愚弟曾國藩頓首 五月七日
再舍弟當時雖以分身故不能於仲明姻長榮
慶日前趕到祝壽小愧甚禮品太簡更愧也

来示并筱荃君信并恭申夫二事均可應允此月已去銀一万撥再发一万米千石即日准解 閣下可告其来人也轉運用錢月數百千可囑申夫自為經理可後報銷請令必批准也寧國粮台撥佐劉以粵署可日再行設立 豐書薪水月支百金与雨高相商為妥此後

眉生仁弟 國藩手

尊恙已全愈否念念

曉晴尊兄大人閣下前兩接
惠書藉審令次孫嘉禮告成
德門衍慶内人過擾
郇廚情文稠疊彌增紉感承
示勸經之暇專務活人醫藥救生皆盛德事而於救生
一節不另設船即以礮船督率漁舟用力少而見功
多所謂有仁心斯有仁術也子明懸捥作篆筆法

秀勁較之昔年所贈更為精卓鹽官政務稍簡無
妨翰墨
尊意欲於本班加足班次第四任後全無附獎之
案亦不欲為乞隣之舉梅同年宦況鄉情兩遭蹇
難近聞權篆
貴邑或者蔗境少甘渠欲為其子求鹽務差使此
間事簡人浮而户外屨滿本難盡饜人意國藩自

七月得調任直隸之信不復派委差事恐替代之
際紛紛更換巢燕未穩賓雁已來甚無謂也
閣下課孫於時文詩賦果用何本為善二小兒來署
未覺佳師鄙人亦親立課程路閏生仁在堂稿一
時風氣盛行往年李次青與劉霞仙在國藩幕中
爭之幾至攘臂
來諭病其文體日壞毋亦為劉者左袒耶與書向

未留意惟聞闈生持論審題必真行氣必空自是
試場利器欲求進於彼而又不背於時者眼中尚
未見其選船山說經高於論史
卓見極是說經又以禮記章句爲最鄙意欲取禮
記章句讀通鑑論宋論三者益以諸經稗疏另刷
數十部作爲單行之本不與他種并行似更足饜
時賢之心而洗明季之習

閣下以為何如弟已於前月廿六日交卸兩江篆
務即日治裝北上相隔逾遠悵結何極肅復一二
復閣
台安諸惟
心鑒不具

再內子自八月十五遘病今已六十餘日咳嗽
目甚不眠不食思得如陳桂秋老立起沈疴道
遠苦不能致前擬帶大兒進京今留渠侍
疾改帶二小兒此行耳 十月廿二日

愚弟曾國藩頓首 十月初七日

曉岑仁兄大人閣下頃接四月十日
手書敬悉一切就諗局務交卸塵鞅一清從
此輕舟南去訪范公於吴越展嚴叟於富春
黄鵠邈矣與世何争仰企
德暉至爲懷想承
寄示新刻各種均已收到俟粗覽大義再製
序文至實録内思文聖安字樣按顧亭林
先生有聖安本紀一編係道光間刻在明季

稗史體例在前夕堂老人與碩先生同為
佚老同入儒林其睠懷故國憂憤三嘆心迹
尤為大同既已刊成似可一例刷行 令孫英才
暫令讀書所見極是鹽官一途既無民社又近
諠囂非識力老成未有不失其所守者非所以
為愛子弟計深遠也史何兩閣部祠宇均為
大力倡修而
閣下舊誣亦藉以昭雪一舉三善喜慰無已

祠額俟書就寄呈此間軍事尚（殊）無了期現在任賴一股尚在亳宋一帶張牛一股盤旋淮泗等處歲月遷延殄寇無術曷勝焦憤

知關

注念并以奉

聞復頌

台安諸惟

心鑒不具

愚弟曾國藩頓首 五月初六日

堯階仁兄大人足下：去臘賤眷到京，幸得
手書，詞簡意長，拳拳不盡。令弟鉅筆蒙
教愛，飲食情誼，逾於同胞。每聞大令弟道及去年
在館誘掖之懃，摯責之實，屬望之切，沾溉之洽，
薄物細故，至纖至悉之曲折深厚，甚令人銜
感次骨。酬謝鄙忱，筆舌難殫。去歲年穀順
成，是弟所喜。

兄弟歷險心事安得自天降康慶豐育咏
別吾
兄事畜之謀哉可以少弛負擔矣
尊堂上洪禧綏燕正要酬春尤樹節哀淺祿望襟
崑花水氣局閑居當是
君家畢固之基即近地比鄰日前既鵝鴨喜愷
後日如更尋慕懷音自是可免他慮　益堅謹書

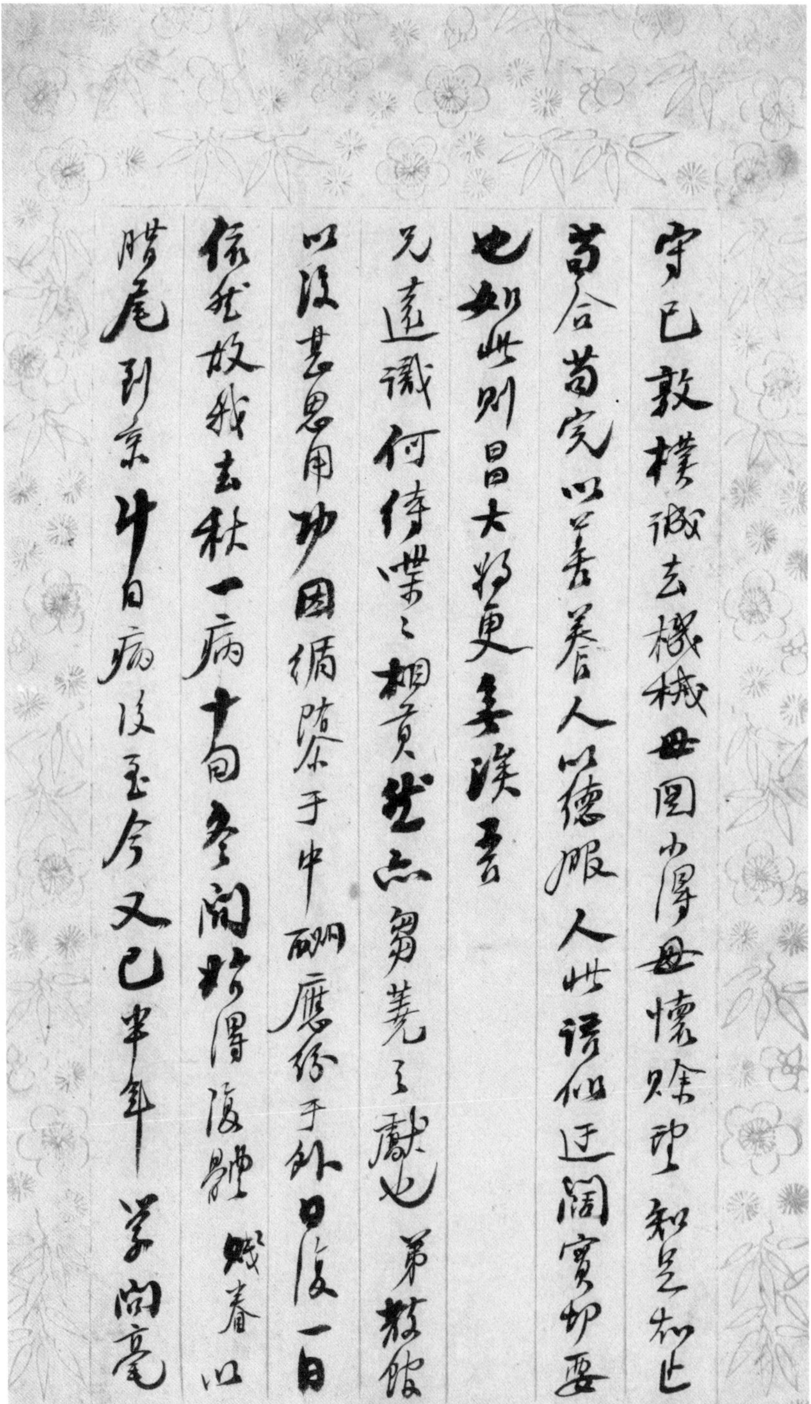
守已敦樸識去機械毋圖小得毋懷貪望知足知止
苟合苟完以善養人以德服人世謂迂闊實切要
也如此則昌大將更無疑者
兄遠識何待喋喋相責然亦芻蕘之獻也弟楷餞
以後甚思用功因循墮於乎中酬應紛乎外日復一日
依然故我去秋一病十旬參閱於渭復體賤眷以
臘尾到京廿日病後至今又已半年學問毫

未冬加雨，日日常覺匆忙，大好光陰如此虛擲，後日啟
我抑可知矣。
表兄瑣程我者去直遠，終然不達也，如何如何。
囑作壽屏，承手以後未學，百去懷病，復以天寒凍
墨，不果寫。二月以來，刻刻思有以報
命，雲去今未能就，歉愧無似。家嚴及味山歸
期已迫，而外間索書者纍纍于門，竟不能畢

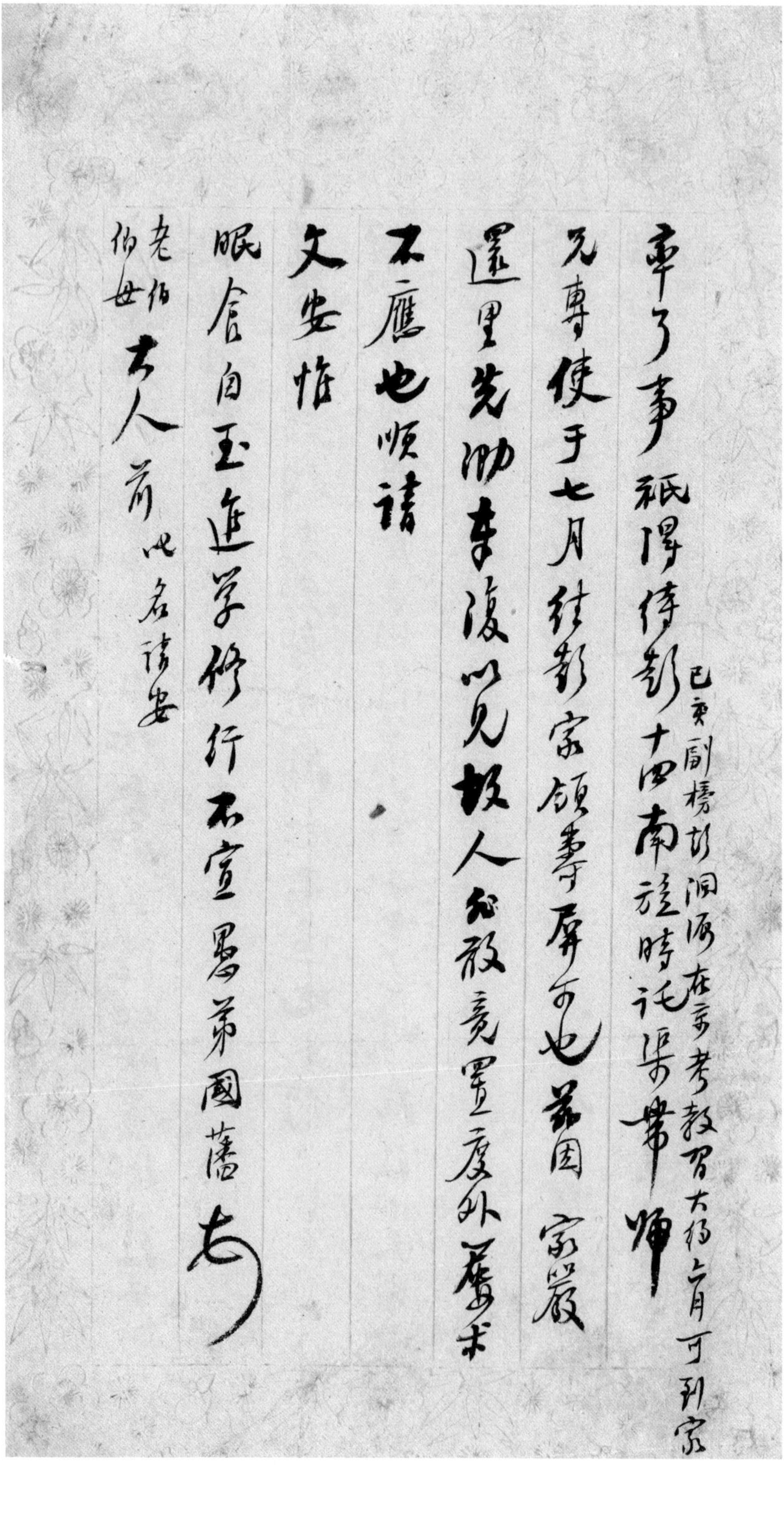

草了事，祗得付彭十四南旋時託渠帶歸（己亥副榜胡洞源在家考教習，大約六月可到京）

兄專使于七月往彭家領壽屏可也。茲因家嚴

還里，先妣來復以見拔人，然敵竟置度外，屢求

不應也。順請

文安，惟

眠食自玉，進學修行，不宜。愚弟國藩頓首

老伯

伯母大人前叱名請安

堯階仁丈 大人閣下彭二尹先仁來接展
手書嘉勉賤兄弟者至爲深厚感怍交并敬維
福履綏愉興居康適金紫光於里閈蘭玉生於庭
階引睇
吉暉良殷傾頌舍季弟下世忽閱四載鴒原之慟無
有已時茲聞舍姪蕒雁
德門共敦樸素之風永結朱陳之好舍季弟雖不獲
親見定當感慰於九京矣弟智小謀大精力日積

鮑超所部霆軍援閩赴甘兩軍中途華變之事湘軍史志均未紀載是此信爲有關湘軍之重要史料

懼成功之難居憂盛名之莫副屢疏謝事未荷
聖俞遠則關隴滇黔烽烟正急近則閩粤楚豫髮
捻紛乘事變方殷正深焦慮而霆營一軍赴甘者
潰叛於鄂渚援閩者飢譟於上杭比即調派水陸
諸軍分投防禦并設法拊慰解散冀弭此患不料
一波未平一波復起僧邸剿捻失利竟以忠勇遇
害逆燄益張接奉
諭旨命國藩迅赴山東督剿現定於月内起行駐

軍徐州并親往濟甯察看形勢舍沅弟屢蒙
温旨垂詢催令入都或招集舊部來營助剿厥疾
未瘳斷難重膺艱鉅已由沅弟具疏陳謝諸承
廑詢附布一二復請
台安小兒輩稟筆叩
安恕未拜狀伏希
心鑒不備

姻愚弟曾國藩頓首 五月十一日